fehler abc

Latein

von Antje Hellwig
und Wolfgang Bietz

in Verbindung mit
Helmut Vester
und Gerhard Krüger

Ernst Klett Stuttgart

fehler abc

Latein

von Dr. Antje Hellwig, Düsseldorf
und Dr. Wolfgang Bietz, Zornheim b. Mainz
in Verbindung mit
Prof. Dr. Helmut Vester, Birkenfeld b. Karlsruhe
und Dr. Gerhard Krüger, Lüneburg

In der Reihe Fehler-ABC sind erschienen:

- Deutsch – Englisch, Klettbuch 51851
- Deutsch – Französisch, Klettbuch 51852
- Deutsch – Italienisch, Klettbuch 51853
- Deutsch – Spanisch, Klettbuch 51854

1. Auflage 1 4 3 2 | 1984 83 82

Alle Drucke dieser Auflage können im Unterricht nebeneinander benutzt werden. Die letzte Zahl bezeichnet das Jahr dieses Druckes.

Satz: Setzerei Karl Lihs, Ludwigsburg
Druck: Gutmann, Heilbronn
ISBN 3-12-604270-8

Abkürzungen und Zeichen

Abl.	Ablativ
AcI	Accusativus cum Infinitivo
Adj./adj.	Adjektiv/adjektivisch
Adv.	Adverb
Akk.	Akkusativ
akt.	aktivisch
Attr.	Attribut
Dat.	Dativ
Dep.	Deponens
d. h.	das heißt
d. i.	das ist
e.	ein, eine
etc.	etcetera
etw.	etwas
f.	femininum
Gen.	Genitiv
i. D./i. L.	im Deutschen/im Lateinischen
Imperf.	Imperfekt
Ind.	Indikativ
indir. Frage	indirekte Frage
Inf.	Infinitiv
jmd.	jemand
jmdm.	jemandem
jmdn.	jemanden
Kjtion.	Konjunktion
Konj.	Konjunktiv
m.	masculinum
m. (Akk.)	mit (Akkusativ)
n.	neutrum
Obj.	Objekt
P.	Person
Pass./pass.	Passiv/passivisch
Perf.	Perfekt
Pers.-Pron.	Personalpronomen
Pl.	Plural
Plqperf.	Plusquamperfekt
Poss.-Pron.	Possessivpronomen
PPP	Partizip Perfekt Passiv
Präp.	Präposition
Pron.	Pronomen
rel.	relativisch
Rel.-Pron.	Relativpronomen
Sg.	Singular
sog.	sogenannt
Subst./subst.	Substantiv/substantivisch
u. ä.	und ähnliches
urspr.	ursprünglich
z. B.	zum Beispiel

↔	Gegensatz
/	oder
°	bezeichnet ein Wort des ‚Aufbauwortschatzes'
△	Achtung!
*	schwierigerer Übungssatz
(!)	mehrere Möglichkeiten!
(K)	Kontextmerkmale angeben!
→ 34	in Einheit 34 kann dieses Wort geübt werden
( )	in Übersetzungen: ‚wörtliche' Übersetzung
‹ ›	in Übersetzungen: Ergänzung gemäß der Ausdrucksweise im Deutschen

Lieber Lateiner!

Sicher hast Du schon einmal vor einem lateinischen Satz gesessen und ihn nicht entschlüsseln können (oder einen Fehler gemacht), nur weil Du irgendwelche Vokabeln miteinander verwechselt hast – Vokabeln, die ähnlich klingen oder ähnliches bedeuten. Die meisten dieser Wörter haben aber Merkmale, an denen sie unterschieden werden können. Diese Merkmale zu erkennen und anzuwenden sowie den Umgang mit leicht zu verwechselnden Vokabeln überhaupt zu üben, soll Dir das Fehler-ABC helfen. Es enthält hundert und vier Trainingseinheiten, die wie folgt aufgebaut sind:

Die *Titelzeile* nennt jeweils eine Gruppe leicht zu verwechselnder Wörter.
Die Erläuterungen darunter enthalten die genau unterschiedenen Bedeutungen der einzelnen Wörter; in der Regel werden die verschiedenen Bedeutungsangaben durch die Angabe von ‚Kontextmerkmalen' (z. B. Ergänzungen zum Verb in bestimmten Kasus; typische Wortverbindungen) gestützt. – Die Erläuterungen sind als *Lernteil* gedacht. Der Wirrwarr-Raster über den Bedeutungsangaben hilft Dir, zu üben und Dich selbst zu kontrollieren (lege hierzu die rote Folie über den Raster).
Der *Übungsteil* schließlich liefert Dir Material, das Gelernte anzuwenden und zu üben.

Übersetze alle Übungssätze! Unter dem Wirrwarr-Raster findest Du Übersetzungslösungen. Sie enthalten manchmal – dem Sinn des Satzes entsprechend – Abweichungen von den im Lernteil gegebenen Wortbedeutungen: das soll Dir Mut zu eigenen ‚freieren' Übersetzungen machen.
Manchmal mußt Du zuerst entscheiden, welches der verwechselbaren Wörter nach Sinn und Kontextmerkmalen in den Satz paßt.
In Bestimmungsübungen kannst Du außerdem üben, zu bestimmten ähnlich klingenden Einzelformen die jeweils zugehörige Grundform zu finden.
Beachte beim Üben die ‚10 Grundregeln' – sie sind als Hilfe für Deine Arbeit gedacht.

Wir wünschen Dir Erfolg und Spaß bei der Arbeit mit dem Fehler-ABC. (Vielleicht schreibst Du uns einmal darüber?)

Antje Hellwig
Wolfgang Bietz

1 ab – ad – at – ac/atque – aut – autem – ante

ā/ab *Präp.*	*m. Abl.*	von, von . . . her
ad *Präp.*	**1.** *m. Akk.* **2.** *bei Zahlangaben*	1. zu, an, bei 2. ungefähr
at *Kjtion.*		aber *(scharfer Gegensatz)*
ac/atque *Kjtion.*	**1.** *Wort-/Satzverbindung* **2.** idem ac/atque; alius/aliter ac/atque	1. und, und zwar, und sogar 2. derselbe wie; anders als
aut *Kjtion.* **aut . . . aut . . .** **neque aut . . . aut . . .**		oder entweder . . . oder . . . (und) weder . . . noch . . .
autem *Kjtion.*		aber *(Fortführung eines Gedankens; i. L. und i. D. an zweiter Stelle im Satz)*
ante *Präp.*	*m. Akk.*	vor

1 horam unam aut duas puer aegrotus summo in periculo erat.	1 Ein oder zwei Stunden lang schwebte der kranke Junge in höchster Gefahr.
2 amicus amico: cur aliter loqueris ac sentis?	2 Ein Freund <sagt> zu seinem Freund: Warum redest du anders als du denkst?
3 ad duo milia hominum ludis interfuerunt.	3 Ungefähr 2000 Menschen nahmen an den Spielen teil.
4 vetus verbum est: aut amat mulier aut odit; nihil est tertium.	4 Ein alter Spruch lautet: Entweder liebt eine Frau, oder sie haßt; es gibt kein Drittes.
5 amicos aeque ac nos ipsos diligere debemus.	5 Wir sollen unsere Freunde ebenso lieben wie uns selbst.

Ein junges Mädchen soll einer Göttin geopfert werden:

a) Iphigenia, Agamemnonis filia, ante aram Dianae deae stabat ad sacrificium (Opfer) parata.

b) at dea patris ac filiae misericordiā commota effecit, ut cerva (Hirschkuh) pro puellā interficeretur.

c) illa autem miro modo ad Tauros perducta sacerdos facta est.
(Tauri: die Taurer)

d) postea vi ac potestate Taurorum liberata est ab Oreste fratre.

a) Iphigenie, die Tochter Agamemnons, stand vor dem Altar der Göttin Diana zum Opfer vorbereitet.

b) Aber die Göttin bewirkte, aus Mitleid zu Vater und Tochter, daß eine Hirschkuh an Stelle des Mädchens getötet wurde.

c) Iphigenie aber, auf wunderbare Weise zu den Taurern getragen, wurde (dort) zur Priesterin gemacht.

d) Später wurde sie von ihrem Bruder Orest aus der Macht und Gewalt der Taurer befreit.

2 accēdere – °accendere – ascendere

accēdere, accēdō, accessī, accessum	**1.** ad **2.** *absolut*/ ad/ *m. Dat.*	1. herangehen an, kommen zu 2. dazukommen, hinzukommen zu, wachsen
accēdit, accessit	quod . . ./ut . . .	hinzukommt, daß . . .
accendere, accendō, accendī, accēnsum	*m. Akk.*	anzünden, entzünden, anfeuern
ascendere, ascendō, ascendī, ascēnsum (= ad + scendere)	*absolut/* (in) rem	hinaufsteigen (zu/auf), etw. besteigen (ascendere)

accendit/accessit/ascendit: Welches Wort paßt? Gib dazu jeweils die Grundform an.

1 pater filios currentes clamore ______ .

1 accendit: Der Vater feuert seine Söhne, die ‹um die Wette› laufen, mit Geschrei an. (accendere)

2 Christophorus Columbus navem ______ , ut novam ad Indos viam reperiret.

2 ascendit: Christoph Columbus bestieg ein Schiff, um einen neuen ‹See-›Weg nach Indien zu finden. (ascendere)

3 ut (wie) philosophi antiqui putabant, deus solem quasi (wie) lumen ______ . → 90

3 accendit: Wie antike Philosophen glaubten, hat ein Gott die Sonne wie ein Licht entzündet. (accendere)

4 acie instructa dux usque ad castra hostium ______ .

4 accessit: Nachdem der Feldherr sein Heer in Schlachtordnung aufgestellt hatte, rückte er bis zum Lager der Feinde vor. (accedere)

5 Cicero eloquentiā summos in honores ______ . (eloquentia: Redekunst)

5 ascendit: Cicero stieg dank seiner Redekunst zu höchsten Ämtern (Ehren) auf. (ascendere)

3 ācer – ager – agere – °agger

ācer, ācris, ācre		spitz, scharf, heftig
ager, agrī *m.*	**1.** *z.B.* agrum colere	1. Acker, Feld
	2. *z.B.* ager Romanus	2. Gebiet
agere, agō, ēgī, āctum	**1.** rem/*absolut*	1. etw. treiben, betreiben, tun; handeln
	2. de re	2. über etw. verhandeln
agger, aggeris *m.*		Wall

1 Rhenus flumen agrum Helveticum a Germanis dividebat. saepe Helvetii, qui milites acres essent, cum Germanis pugnabant eorumque agros populabantur. (populari *Dep.*: verwüsten)	1 Der Rhein (Strom) trennte das Gebiet der Helvetier von dem der Germanen. Oft kämpften die Helvetier, die leidenschaftliche Krieger waren, gegen die Germanen und verwüsteten ihr Land (ihre Äcker).
2 aggere deleto incolae in oppido inclusi cum hostibus de pace agere parati erant. → 29	2 Als ihr Schutzwall zerstört war, waren die in der Stadt eingeschlossenen Einwohner bereit, mit den Feinden über den Frieden zu verhandeln.
3 cum (jedesmal wenn) triumphus agebatur, homines non modo ex urbe, sed etiam ex agris concurrebant.	3 Jedesmal wenn ein Triumph gefeiert wurde, liefen die Menschen nicht nur aus der Stadt, sondern auch vom Lande zusammen.
4 Cicero vir acri ingenio erat. → 43	4 Cicero war ein Mann mit einem scharfen Verstand.

Zu welcher Grundform gehören die folgenden Formen?

agrum	acri	ager	acer
acrium	agri	acer	ager
acrem	agi	acer	agere, ago
aggerem	acris	agger	acer
agerem	agis	agere, ago	agere, ago

4 °aeger – aegrē – aequus – aequē

aeger, aegra, aegrum		krank, verdrießlich
aegrē *Adv.*		mit Mühe, ungern
aegrē ferre	*m. Akk./AcI/* quod . . .	sich über etw. ärgern, sich (darüber) ärgern, daß . . .
aequus, aequa, aequum	**1.** (ac/atque) **2.** *z.B.* locus, tempus **3.** *z.B.* animus **4.** *z.B.* iudicium	1. gleich (wie) 2. eben, günstig 3. ruhig, gelassen 4. gerecht
aequum est	*m. Inf./AcI*	es ist gerecht/(recht und) billig, daß . . .
aequē *Adv.*	(ac/atque)	in gleicher Weise (wie), ebenso (wie)

Welches Wort paßt jeweils im Satz? (K)

1 iudex semper se [aegrum/aequum] praebeat! → 74	1 aequum: Ein Richter soll sich immer gerecht zeigen. (iudex)
2 piratae praedam in partes [aegras/aequas] diviserunt.	2 aequas: Die Seeräuber teilten die Beute in gleiche Teile. (partes; diviserunt)
3 [aegris/aequis] medicinam adhibete!	3 aegris: Gebt den Kranken Medizin! (medicinam)
4 cur hodie haud [aegre/aeque] iudicavisti atque heri?	4 aeque: Warum hast du heute nicht genauso geurteilt wie gestern? (atque)
5 cum eum vidissem, [aegre/aeque] risum (Lachen) continui.	5 aegre: Als ich ihn sah, konnte ich mir nur mit Mühe das Lachen verkneifen (zurückhalten)
6 eis, qui erraverunt, ignōscere [aegrum/aequum] est. → 65	6 aequum: Es ist recht und billig, denen zu verzeihen, die sich geirrt haben. (aequum est *m. Inf.-Konstruktion*)
7 puer [aegre/aeque] fert se cursu superatum esse.	7 aegre: Der Junge ärgert sich darüber, im Wettrennen verloren zu haben. (aegre ferre *m. AcI*)

5 aetas – aestas – °aestus

aetās. aetātis *f.*	(Lebens-)Alter, Zeitalter – (aetas)
aestās, aestātis *f.*	Sommer – (aestas)
aestus, aestūs *m.*	Hitze, Glut, Brandung – (aestus)

Welches Wort paßt?

1 Romuli [aestate/aetate] Roma vicus parvus erat.

2 [aestate/aetate] multa animalia cibum (Nahrung) sibi comparant, ne fame afficiantur hieme.

3 [aestate/aetate] [aestas/aestus] meridiei maximus est. (meri|dies: Mittag)

4 Wolfgang Amadeus Mozart a prima [aestu/aetate] musicae studio se dedit.

5 antiquis temporibus bella [aestate/aetate] ineunte incipiebantur, finiebantur [aestate/aetate] exacta. (exactus *hier*: beendet)

6 quid est atrocius quam [aestas/aestus] belli civilis? (atrox: gräßlich)

1 aetate: Zur Zeit des Romulus war Rom ⟨nur⟩ ein kleines Dorf.

2 aestate: Im Sommer legen sich viele Tiere einen Nahrungsvorrat an, damit sie im Winter keinen Hunger leiden müssen.

3 aestate – aestus: Im Sommer ist die Mittagshitze am größten.

4 aetate: W. A. Mozart widmete sich von früher Jugend an der Musik.

5 aestate – aestate: Im Altertum fing man Kriege zu Beginn des Sommers an und beendete sie am Ende des Sommers.

6 aestus: Was ist gräßlicher als das Wüten eines Bürgerkriegs?

Fortsetzung von **4**

8 planum locum Romani [‚aegrum'/‚aequum'] appellabant.

*9 sapiens iniuriam [aegro/aequo], non [aegro/aequo] animo fert.

8 aequum: Ebenes Gelände nannten die Römer ‚aequus' (locum).

9 aequo – aegro: Ein Weiser erträgt Unrecht gelassen, nicht verdrießlich (mit gelassenem, nicht verdrießlichem Sinn).

6 alius – altus – alter – aliter – alere

alius, alia, aliud *Pron.*	ein anderer
aliī . . ., aliī . . .	die einen . . ., die anderen . . .; einige . . ., andere . . .
alius . . . aliud	der eine dies, der andere das
aliō *Adv.*	anderswohin
alibī *Adv.*	anderswo
altus, alta, altum	hoch; tief
alter, altera, alterum *Pron.*	der eine (von zweien)/der andere (von zweien)
alter . . . alterum	der eine den anderen; einander, gegenseitig
aliter *Adv.* (ac/atque)	anders (als)
alere, alō, aluī, altum	ernähren

1 Romulus et Remus a lupa alti sunt.	1 Romulus und Remus wurden von einer Wölfin genährt.
2 periculosum est natare in fluminibus altis.	2 Es ist gefährlich, in tiefen Flüssen zu schwimmen.
3 bestiis aliis sunt pedes duo, aliis quattuor, aliis sex, aliis plures.	3 Einige Tiere haben zwei Füße, andere vier, andere sechs, andere (noch) mehr.
4 rex quidam Lacedaemoniorum altero pede claudicabat (hinkte).	4 Einer der Spartanerkönige hinkte auf einem Bein.
5 aliud aliis placet.	5 Den einen gefällt dies, (den) anderen das. (= Jedem gefällt etwas anderes.)
*6 plus alimenti est in pane quam in ullo alio, ut dicit Celsus. (alimentum: Nahrung(smittel), panis: Brot)	6 Im Brot ist mehr Nährwert als in irgendeinem anderen (Nahrungsmittel), wie Celsus sagt.
7 post cenam alii alio discesserunt. (cena: Mahlzeit)	7 Nach dem Essen gingen einige hierhin, andere dorthin. (= . . . gingen alle in verschiedene Richtungen auseinander.)
8 duo amici inter se polliciti sunt alterum alteri numquam esse defuturum.	8 Zwei Freunde versprachen einander, sich gegenseitig niemals im Stich zu lassen.

7 alter - uter - uterque - neuter

alter, altera, alterum *Pron.*	der eine (von zweien)/der andere (von zweien)
uter? utra? utrum? *Pron.*	wer (von beiden)?, welcher (von beiden)?
utrum . . . an . . .?	(ob) . . . oder . . .?
uterque, utraque, utrumque *Pron.*	jeder (von zweien), beide
neuter, neutra, neutrum *Pron.*	keiner (von beiden)

1 *Eine Reihe zur Unterscheidung* (caecus: blind)

- qui neutro oculo caecus est, plurima videt. - qui altero oculo caecus est, nonnulla videt. - qui utroque oculo caecus est, nihil videt.	– Wer auf keinem Auge blind ist, sieht am meisten. – Wer auf einem Auge blind ist, sieht einiges. – Wer auf beiden Augen blind ist, sieht nichts.
2 quaeris, utrum hodie an cras Marcus pecuniam tibi redditurus sit. credo numquam.	2 Du fragst, ob Marcus dir das Geld heute zurückgeben wird oder morgen. Ich glaube: niemals.
3 ante villam meam duae sunt arbores altae, quarum altera fructus fert, altera non fert. visne scire, utra magis mihi placeat? cum utraque umbram (Schatten) faciat, neutram praefero.	3 Vor meinem Haus stehen zwei hohe Bäume, von denen der eine Früchte trägt, der andere nicht. Möchtest du wissen, welcher (der beiden) mir besser gefällt? Da beide Bäume Schatten geben, ziehe ich keinen vor.

Forts. **6: Zu welcher Grundform gehören die folgenden Formen?**

alo	alis	alere	alere
alio (!)	aliis	alius/alio (*Adv.*)	alius
alto (!)	ali	altus/alere (*PPP*)	alere
alite	alii	alere	alius
aliter	alui	aliter	alere
alitur	altius	alere	altus
alteri		alter	(*Komparativ*)
altis (!)	alterius	altus/alere (*PPP*)	alter

8 antea/postea – antequam/postquam – ante/post *u. ä.*

Ergänze (anhand der Nachbarspalten) die ausgesparten lateinischen Wörter und gib für alle die deutsche Bedeutung an:

Präposition m. Akk.	*Adverb*	*Konjunktion*
ante:	______:	antequam[1]: . . . . .
______:	posteā:	______[1]: . . . . .
praeter:	______:	[1]*auch:*
propter:	______:	ante . . .(,) quam
______:	intereā:	_____ . . .(,) quam

Präposition m. Akk.	*Adverb*	*Konjunktion*
ante: vor	anteā: davor, vorher	antequam: bevor
post: nach	posteā: danach, später	postquam: nachdem
praeter: außer	praetereā: außerdem	
propter: wegen	proptereā: deswegen	
inter: zwischen, unter	intereā: inzwischen	

Zur Unterscheidung merke Dir:

1 Caesar ante Christum natum fuit.
2 nos post Christum natum sumus.

1 Caesar lebte vor Christi Geburt.
2 Wir leben nach Christi Geburt.

ante/post *können auch als Adverb verwendet werden:*

1 paucis diebus post
2 paulo post
3 paulo ante

1 wenige Tage danach
2 kurz darauf, etwas später
3 kurz zuvor

1 Homerus multis saecúlis ante Vergilium fuit.

2 ante videmus fulmen (Blitz), quam sonum audiamus.

3 pueri ante meridiem discendo, post meridiem ludendo intenti sunt. (meridies: Mittag)

4 perfeci hoc opus septimo die post quam coepi. → 66

5 nuntius paulo post mediam noctem profectus est; antea bene cenaverat. (cenare: speisen)

6 quis praeter deum videt novitque omnia? → 65

7 noli aspernari (verachten, *Dep.*) linguam antiquam, antequam cognoveris!

1 Homer lebte viele Jahrhunderte vor Vergil.

2 Wir sehen den Blitz eher, als wir den Donner hören können.

3 Vormittags sind die Jungen mit Lernen, nachmittags mit Spielen beschäftigt.

4 Dieses Werk vollendete ich sieben Tage (am siebten Tag), nachdem ich es begonnen hatte.

5 Der Bote brach kurz nach Mitternacht auf; vorher hatte er noch gut gegessen.

6 Wer außer Gott sieht und weiß alles?

7 Verachte eine alte Sprache nicht, bevor du sie (nicht) kennengelernt hast!

9 appārēre – aperire – °operire – comperire – comparare

ap|pārēre, -eō, ap|pāruī	*absolut*/homini	erscheinen, sich zeigen, offenkundig sein
ap|pāret, ap|pāruit	(homini) *m. AcI*	es ist (jmdm.) klar, daß ...
aperīre, -iō, aperuī, apertum	rem (homini)	etw. (jmdm.) öffnen/aufdecken
apertum est	*m. AcI*	es ist offenbar, daß ...
operīre, -iō, operuī, opertum	rem (re)	etw. (mit etw.) verhüllen/verschließen
comperīre, -iō, comperī, compertum	(ex homini) rem/de re/ *m. AcI*	(von jmdm.) etw. (genau) erfahren/erfahren, daß ...
comparāre, -ō, comparāvī, comparātum	**1.** rem (homini) **2.** hominem/rem cum homine/re; res inter se	1. (jmdm.) etw. beschaffen/bereiten (von parare) 2. jmdn./etw. mit jmdm./etw. vergleichen (von par)

1 cur sententiam tuam non aperis?	1 Warum sagst du nicht offen deine Meinung?
2 etiam caecum verum videre apparet. (caecus: ein Blinder)	2 Daß die Wahrheit auch ein Blinder sieht, versteht sich.
3 orator se ad disputationem diligenter comparet!	3 Ein Redner soll sich auf eine Diskussion sorgfältig vorbereiten!
4 Caesar comperit Suebos sese in silvas recepisse.	4 Caesar erfuhr, daß sich die Sueben in die Wälder zurückgezogen hatten.
5 saepe fraus, quae diu operta fuerat, casu denique aperta est. → 17	5 Schon oft ist ein Betrug, der lange unbemerkt geblieben war, schließlich durch einen Zufall aufgedeckt worden.
*6 mea facta cum tuis comparans doleo me non te esse. → 29	6 Wenn ich meine Taten mit deinen vergleiche, bedaure ich (es), nicht du zu sein.

10 ars - arx - arcēre - °ardēre

ars, artis *f.*		Geschicklichkeit, Kunst, Handwerk (artis)
arx, arcis *f.*		Burg, Schutzwehr (arcis)
arcēre, arceō, arcuī	*m. Akk./* hominem (a) re	abwehren, jmdn. abhalten von etw.
ardēre, ardeō, arsī, arsum	*absolut*/re	brennen (von/vor etw.)

Bilde aus folgenden Elementen sinnvolle attributive Wortverbindungen mit ars oder arx und übersetze diese.

1 medicorum		1 ars medicorum: die Kunst der Ärzte, die ärztliche Kunst
2 imperatoria		2 ars imperatoria: die Feldherrnkunst, strategisches Geschick
3 Capitolina		3 arx Capitolina: die Burg auf dem Kapitol
4 bellandi		4 ars bellandi: Kriegskunst
5 ardens		5 arx ardens: eine brennende Burg
6 ad hostes arcendos apta		6 arx ad hostes arcendos apta: eine Burg, die geeignet ist, die Feinde abzuwehren
7 rei familiaris augendae	→ 11	7 ars rei familiaris augendae: die Kunst, sein Vermögen zu vergrößern
8 summa (!)		8 – summa ars: äußerstes Geschick, hervorragende Kunstfertigkeit – summa arx: eine sehr hohe Burg/die höchste Stelle der Burg

11 audire – audēre – augēre

audīre, audiō, audīvī, audītum	**1.** *m. Akk./AcI/ indir. Frage/* de re/ab *oder* ex homine **2.** bene/male (ab aliis)	1. jmdn./etw. hören; hören, daß/ob/ was *u.ä.*; von etw. hören; (etw.) von jmdm. hören (dem Sprecher) 2. (bei anderen) in gutem/ schlechtem Ruf stehen
audēre, audeō, ausus sum	*absolut*/rem/ *m. Inf.*	wagen
augēre, augeō, auxī, auctum		vermehren, vergrößern

audet/audit: Welche Form paßt? (K)

1 urbem incensam esse ______ .

1 audit: Er erfährt, daß die Stadt in Brand gesteckt worden ist. (*AcI* – urbem: ‚*Subjekt*' *des AcI*)

2 urbem incendere ______ .

2 audet: Er wagt, die Stadt in Brand zu setzen. (*Inf.* – urbem: *Objekt zu* incendere)

3 amico verum dicere ______ .

3 audet: Er wagt, seinem Freund die Wahrheit zu sagen. (*Inf. m. Akk.- und Dat.-Objekt*)

4 amicum verum dicere ______ .

4 audit: Er hört, daß sein Freund die Wahrheit sagt. (*AcI* – amicum: ‚*Subjekt*' *des AcI*)

5 fraudem ______ . (!)

5 – audet: Er wagt einen Betrug. – audit: Er hört von dem Betrug.

6 male ab omnibus ______ .

6 audit: Er steht bei allen in schlechtem Ruf. (male + a *m. Abl.*)

Setze die folgenden Wörter an passender Stelle in den kleinen Text ein und übersetze ihn:

augetur – auctis – audito – audiverunt – audeant – ausi

(1) audito (2) ausi (3) audiverunt (4) auctis (5) augetur (6) audeant

a) clamore hostium (1) ______ milites procedere (2) ______ non sunt.

a) Als die Soldaten das Geschrei der Feinde gehört hatten, wagten sie nicht weiter vorzurücken.

12 auris – aurum – °aureus – °avis – avus – ° aura

auris, auris *f.*	Ohr
aurum, aurī *n.*	Gold
aureus, aurea, aureum	golden, aus Gold
avis, avis *f.*	Vogel
avus, avī *m.*	Großvater
aura, aurae *f.*	Luft(hauch), Wehen, Wind

1 oculis videmus, audimus auribus.	1 Mit den Augen sehen wir, mit den Ohren hören wir.
2 avium cantus aures hominum delectat.	2 Vogelgesang erfreut die Ohren der Menschen.
3 nonnullis in terris magna copia auri invenitur. → 49	3 In manchen Ländern findet man eine große Menge Gold.
*4 multae aves celerius per auras volant, quam alia animalia currunt in terra.	*4 Viele Vögel fliegen schneller durch die Lüfte, als andere Lebewesen auf der Erde laufen.

Fortsetzung von **11**

b) at ubi (sobald) eos haud multos esse ex transfugis (von Überläufern) (3) ______ , animis (4) ______ flumen transire non iam dubitaverunt.	b) Aber sobald sie von Überläufern erfahren hatten, daß sie (die Feinde) nur wenige seien, stieg ihr Mut, und nun zögerten sie nicht mehr, über den Fluß zu setzen (zögerten sie, da ihr Mut gestärkt war, nicht mehr ...).
c) ac paulo post auxilia mittuntur.	c) (Und) kurz darauf werden sogar noch Hilfstruppen geschickt.
d) ita non modo numerus eorum, sed etiam spes adeo (5) ______ , ut proxima nocte hostes inopinatos aggredi (6) ______ . (inopinatus: nichts vermutend)	d) So wächst nicht nur ihre Zahl, sondern auch ihre Hoffnung so sehr, daß sie in der folgenden Nacht die Feinde unvermutet (ohne daß diese es vermuteten) anzugreifen wagen.

13 cadere – °caedere – cēdere

cadere, cadō, cecidī, cāsum	*absolut*	fallen (cadere)
caedere, caedō, cecīdī, caesum	*m. Akk.*	fällen (caedere)
cēdere, cēdō, cessī, cessum	*absolut/m. Dat.*	gehen, (jmdm./vor etw.) weichen (cēdere)

cecidit/cecīdit/cessit: Welches Wort paßt? (Wie lautet die Grundform dazu?)

1 puer lupum ______ .

1 cecīdit: Der Junge tötete den Wolf. (caedere)

2 puer cani ______ .

2 cessit: Der Junge wich dem Hund aus. (cedere)

3 puer ex arbore ______ .

3 cecidit: Der Junge fiel vom Baum. (cadere)

4 servus arborem ______ .

4 cecīdit: Der Sklave fällte den Baum. (caedere)

1 lex antiqua imperavit, ut is, qui hominem ceciderat, caederetur.

1 Ein antikes Gesetz gebot, daß der, der einen ‹anderen› Menschen getötet hatte, ‹selbst auch› getötet werden solle.

2 Thales philosophus, cum caelum intueretur, in aquam cecidisse dicitur.

2 Der Philosoph Thales soll ‹einmal›, als er den Himmel betrachtete, ins Wasser gefallen sein.

3 nonnumquam capitur gloria cedendo, non caedendo.

3 Bisweilen erringt man Ruhm durch Nachgeben, nicht durch Zuschlagen (durch Weichen, nicht durch Töten).

4 Vergilius poeta ‹dicit›: ọmnia vịncit Amọr, et nọs cedạmus Amọri. (et: auch)

4 Der Dichter Vergil ‹sagt›: Alles besiegt die Liebe; auch wir wollen der Liebe weichen.

14 *Komposita von* cadere - °caedere - cēdere

ac|cidit, ac|cidit (accidere)	*absolut*/homini ut . . ./quod . . .	zufallen, zustoßen, sich ereignen
oc|cidere, oc|cidō, oc|cidī	*absolut*	untergehen, sterben
oc|cīdere, oc|cīdō, oc|cīdī, oc|cīsum	*m. Akk.*	niederhauen, töten (occīdere, occīsum)
concēdere, con|cēdō, con|cessī, con|cessum	**1.** rem homini *(oft m.*-nd-*Form)* **2.** ut . . . **3.** *m. AcI*	1. jmdm. eine Sache (zum/zur . . .) überlassen 2. erlauben, daß . . . 3. einräumen/zugestehen, daß . . .
suc|cēdere, suc|cēdō, suc|cessī, suc|cessum	**1.** *(militär.) m. Richtungsangabe* **2.** homini **3.** (homini) *m. Adv.*	1. heranrücken 2. jmdm. (z. B. im Amt) folgen 3. (jmdm.) z. B. gut gelingen

Die nicht-aufgeführten Komposita lassen sich im allgemeinen leicht aus der Bedeutung der Präposition und des Grundverbs ableiten (z.B. concidere: zusammenfallen)*; sie werden in den folgenden Sätzen mitgeübt.*

*

1 tempestate aedificium vetus concidit.	1 Im Sturm (Durch den Sturm) fiel das alte Gebäude zusammen.
2 concedo me erravisse.	2 Ich gebe zu, mich geirrt zu haben.
3 ‚iracundus‘ appellatur, qui facile irā incenditur.	3 ‚Iracundus‘ (‚Jähzornig‘) wird (‚Jähzorniger‘) genannt, der leicht in Zorn gerät (entbrennt).
4 Aeneas Troiā discessit novam patriam quaerendi causā. → 17	4 Aeneas verließ (ging von) Troja, um ein neues Vaterland zu suchen.
5 Augusto successit Tiberius imperator.	5 Auf Augustus folgte Tiberius als Kaiser.
6 dux militibus urbem diripiendam concessit.	6 Der Feldherr überließ den Soldaten die Stadt zur Plünderung.

Forts. auf S. 22

15 °caedere – caedēs – °clādēs – classis

caedere, caedō, cecīdī, caesum	fällen, niederhauen, töten
caedēs, caedis *f.*	Mord, Blutbad
clādēs, clādis *f.*	Schaden, Verlust, Niederlage
classis, classis *f.*	Abteilung, Flotte

1 caede fratris Romulus primus rex Romanorum factus est.

1 Durch Brudermord wurde Romulus der erste König der Römer.

2 saepe dies unus multas affert clades.

2 Oft bringt ein Tag viele Verluste/viele Niederlagen.

3 tyranno interfecto cives caedis metu liberati erant. → 55

3 Mit dem gewaltsamen Ende des Tyrannen waren die Bürger von ihrer Angst vor Ermordung erlöst.

*4 classe amissa exercitus Persarum, cum per Graeciam domum rediret, magnas clades accepit.

4 Als die Perser ihre Flotte verloren hatten, erlitt ihr Heer, während es durch Griechenland nach Hause zog, große Verluste.

Fortsetzung von **14**

7 concesserunt parentes filio, ut omnes amicos invitaret.

7 Die Eltern gestatteten ihrem Sohn, alle seine Freunde einzuladen.

8 Seneca philosophus veneno se ipse occidit.

8 Der Philosoph Seneca tötete sich selbst mit Gift.

9 ‚occidens' appellatur ea terrae regio, ubi sol occidere videtur.

9 „Okzident" (Untergang) wird die Gegend der Erde genannt, wo die Sonne unterzugehen scheint.

10 de via decedere saepius possumus, semel (de) vita.

10 Den Weg verlassen können wir öfter, das Leben nur einmal.

11 haud omnia omnibus bene succedunt.

11 Nicht alles gelingt allen (gleich) gut.

12 male accidit, quod in morbum incidisti; nam sine te res incepta vix succedet.

12 Es ist ein unglücklicher Zufall, daß du krank geworden bist, denn ohne dich wird das begonnene Unternehmen kaum gelingen.

16 carēre – cavēre – °cautus – carus – clarus – °cavus

carēre, careō, caruī	re	etw. nicht haben, etw. entbehren, sich einer Sache enthalten
cavēre, caveō, cāvī, cautum	**1.** *m. Akk.* **2.** ut . . ./ne . . .	1. sich in acht nehmen vor . . . 2. dafür sorgen, daß . . ./daß nicht . . ., darauf achten, daß . . ./daß nicht . . .
cautus, cauta, cautum		vorsichtig
cārus, cāra, cārum		lieb, teuer, wert
clārus, clāra, clārum		hell, berühmt
cavus, cava, cavum		gewölbt, hohl

1 quis est, qui omnibus vitiis careat? → 102	1 Wen gibt es, der frei von allen Fehlern ist?
2 mater Rubricappulam (Rotkäppchen) monuit, ut lupum caveret. → 58	2 Die Mutter schärfte Rotkäppchen ein, sich vor dem Wolf zu hüten.
3 luna cava minus clara est quam plena. → 60	3 Die Mondsichel (der hohle Mond) ist weniger hell als der Vollmond.
4 homines crassi conviviis careant! (crassus: dick)	4 Dicke Menschen nehmen am besten an großen Festessen nicht teil.
5 in foro Romano statuae virorum clarorum erant.	5 Auf dem Forum Romanum standen Statuen berühmter Männer.
6 homini sitienti nihil carius est aquā. (sitiens: durstig)	6 Einem durstigen Menschen ist nichts mehr wert als Wasser.
7 nonnumquam senex minus cautus est quam iuvenis.	7 Manchmal ist ein alter Mensch weniger vorsichtig als ein junger.
*8 vetus verbum est: caret periculis, qui etiam, cum tutus est, cavet. → 95	8 Ein alter Spruch lautet: Frei von Gefahren ist ‹derjenige›, der sich in acht nimmt, auch wenn er in Sicherheit ist.

17 causa – causā – casus

causa, causae *f.*	**1.** *z.B.* causa mortis; sine causa **2.** *z.B.* causam probat **3.** *z.B.* causam agit	1. Grund, Ursache 2. Sache, Angelegenheit, Sachlage 3. Rechtsfall, Prozeß
causā *(Abl.)*	*z.B.* meā/tuā causā; pācis causā	wegen, um ... willen
cāsus, cāsūs *m.*		Fall, Zufall, Schicksal

1 sine causa nos fefellistis. (K)	1 Ohne Grund habt ihr uns getäuscht. (sine)
2 multi homines longissima itinera faciunt ludos Olympicos spectandi causa. (K) → 51	2 Viele Menschen unternehmen außerordentlich lange Reisen, um die Olympischen Spiele zu sehen. (Ger. spectandi)
3 Ulixes omnes pertulit casus.	3 Odysseus ertrug alle Schicksalsschläge.
4 lupa Romulum et Remum in ripa iacentes invenit sive casu sive consilio deorum. → 22	4 Eine Wölfin fand Romulus und Remus am Ufer liegend, sei es durch Zufall, sei es nach dem Willen der Götter.
*5 Cicero multas causas non modo privatas, sed etiam publicas defendit. (K)	*5 Cicero trat in vielen Prozessen – nicht nur in Zivil-, sondern auch in Staatsprozessen – als Verteidiger auf. (defendit)
6 orator bonus paratus est ad omnes casus.	6 Ein guter Redner ist für alle Fälle (Zufälle) gerüstet.
7 vestra, non nostra causa hoc fecimus. (K)	7 Euretwegen, nicht unseretwegen, haben wir das getan. *(Abl. des Possessivpron.)*

18 cernere – credere – crescere – certare – certus

cernere, cernō, crēvī, crētum	**1.** *z.B.* oculis rem **2.** *z.B.* senatus rem cernit	1. deutlich wahrnehmen, erkennen 2. entscheiden, beschließen
crēdere, crēdō, crēdidī, crēditum	**1.** *m. Dat.* **2.** homini rem **3.** rem/*m. AcI/ indir. Frage*	1. glauben, vertrauen 2. jmdm. etw. anvertrauen 3. glauben, für wahr halten
crēscere, crēscō, crēvī, crētum	*absolut*	wachsen
certāre, certō, certāvī, certātum	de re/*m. indir. Frage*	(wett-)kämpfen um etw.; streiten um etw.; streiten, ob/was *etc.*
certus, certa, certum		sicher, gewiß
certiorem facere	hominem de re/ *m. AcI*	jmdn. benachrichtigen von etw./ daß …

Welches Wort paßt jeweils im Satz? (K)

1 erant, qui [certarent/crederent/ crescerent] Iunonem a ‚iuvando' esse nominatam.

1 crederent: Es gab (Leute), die glaubten, Juno sei nach ‚iuvare' (helfen) benannt. (*AcI*)

2 Romulus Remusque [cernebant/ certabant/credebant], utrum urbem Romam an Remoram vocarent.

2 certabant: Romulus und Remus stritten sich, ob sie die (neue) Stadt ‚Roma' oder ‚Remora' nennen sollten. (*indir. Frage*)

3 amicus certus in re incerta [cernitur/certatur/creditur].

3 cernitur: Einen sicheren Freund erkennt man in einer kritischen Situation. (*persönliches Passiv*)

4 gravissimis bellis [certavit/credit/ crevit] gloria urbis Romae. → 44

4 crevit (crescere): In außerordentlich schweren Kriegen wuchs der Ruhm der Stadt Rom. (*absolut*)

*5 quaecumque imperator [credit/ crescit/crevit], milites perficiunt.

5 crevit (cernere): Alles, was ein Feldherr beschließt (beschlossen hat), führen die Soldaten durch. (*Akk.-Objekt* quaecumque)

19 clam – coram – palam – publice

clam *Adv.*	*absolut* (*auch:* hominem/ homine)	heimlich (vor jmdm.)
cōram *Adv.*	homine/ *selten absolut*	in Gegenwart von jmdm.
palam *Adv.*	*absolut/ selten m. Abl.*	offen, öffentlich, vor aller Augen
pūblicē *Adv.* (↔ privatim)		(öffentlich:) im Namen/im Interesse/auf Kosten des Staates

*** Übersetze und ersetze anschließend die unterstrichenen Ausdrücke durch solche mit dem entsprechenden Übungswort.**

1 quid patre praesente dicere ausus es?	1 Was hast du in Gegenwart deines Vaters zu sagen gewagt? (coram patre)
2 rei capitis damnati alii in occulto, alii omnibus spectantibus interfecti sunt.	2 Die zum Tode verurteilten Angeklagten wurden teils im geheimen, teils vor aller Augen hingerichtet. (clam – palam)
3 antiquis temporibus quaerebatur, utrum secreto (geheim) an aperte suffragia ferri melius esset. (suffragia ferre: die Stimme(n) abgeben) → 79	3 Im Altertum fragte man sich, ob es besser sei, geheim oder offen abzustimmen. (clam – palam)
4 id, quod ante oculos omnium negaverat, inter amicos concessit.	4 Was er vor den Augen der Öffentlichkeit abgestritten hatte, das gab er im Kreis seiner Freunde zu. (palam)
5 Athenis ii, qui Olympiis vicerant, publico sumptu alebantur.	5 In Athen erhielten die Sieger bei Olympischen Spielen Mahlzeiten auf Staatskosten. (publice)
6 graviora sunt, ut (wie) multi philosophi dicunt, ea, quae salutis communis causā fiunt quam quae privatim.	6 Wichtiger sind, wie viele Philosophen sagen, die Dinge, die im Interesse des Allgemeinwohls geschehen, als die, die im privaten Interesse geschehen. (publice)

20 cogere – cogitare – coercēre

cōgere, cōgō, co|ēgī, co|āctum (co + agere)	1. *oft mit Richtungsangabe* 2. *oft m. Inf.*	1. zusammenbringen, versammeln (an einem Ort) 2. zwingen (zu tun)
cōpiās cōgere		Truppen zusammenziehen
cōgitāre, cōgitō, cōgitāvī, cōgitātum	1. *absolut*/de re/ *m. indir. Frage*	1. denken, nachdenken über etw./ob/was *etc.*; etw. erwägen; erwägen, ob/was *etc.*
	2. rem/*m. Inf.*/ut	2. sich etw. ausdenken, beabsichtigen (zu tun)
co|ercēre, co|erceō, co|ercuī, co|ercitum	*m. Akk. (+ Abl.)*	zusammenhalten, einschränken, (von etw.) zurückhalten

1 cogita, priusquam agas! (K)	1 Denke, bevor du handelst! (*absolut*)
2 nuntio allato senatus in curiam coactus est. (K)	2 Nach Eintreffen der Botschaft wurde der Senat (ins Staatsgebäude) einberufen. (*Richtungsangabe* in curiam)
3 piratae cogitabant, quemadmodum opes domum reducerent tutas. (K) → 66; → 95	3 Die Seeräuber überlegten, wie sie ihre Schätze sicher nach Hause [zurück]bringen könnten. (*indir. Frage*)
4 vis ventorum navem in portum coegit. (K) → 101	4 Die Kraft der Winde trieb das Schiff in den Hafen. (*Richtungsangabe* in portum)
5 socii coniurationis caedem iudicis cogitabant. (K)	5 Die Verschwörer planten ein Attentat auf den Richter. (*Akk.-Objekt* caedem)
6 fame coacti incolae tandem oppidum dediderunt. → 28	6 Vom Hunger bezwungen, übergaben die Bewohner endlich die Stadt.
*7 magistris Romanorum potestas pueros pigros vel audaces verberibus (mit Schlägen, Prügel) coercendi data erat.	7 Römische Lehrer besaßen Vollmacht, faule oder freche Jungen mit Prügel zu züchtigen.

21 colere – °color – collis

colere, colō, coluī, cultum	**1.** *z.B.* agrum **2.** *z.B.* urbem **3.** *z.B.* corpus, amicitiam **4.** *z.B.* deos	1. bebauen, bearbeiten 2. bewohnen, wohnen in 3. pflegen 4. ehren, verehren
color, colōris *m.*		Farbe
collis, collis *m.*		Hügel

1 semper cole parentes! (K)		1 Ehre stets deine Eltern! (parentes)
2 mons altior est colle. (K)	→ 6	2 Ein Berg ist höher als ein Hügel. (mons ↔ collis)
3 Alexander ut (wie) deus coli volebat. (K)		3 Alexander wollte wie ein Gott verehrt werden. (deus)
4 primae Romae domūs colli impositae erant. (imponere: bauen auf)		4 Die ersten Häuser Roms lagen auf einem Hügel (waren auf einen Hügel gebaut).
5 cur studium philosophiae non colis? (K)		5 Warum betreibst (pflegst) du nicht das Studium der Philosophie? (studium)
6 nymphae vel silvas vel aquas vel alia loca colebant. (K)	→ 6	6 Nymphen wohnten entweder in Wäldern oder in Gewässern oder in anderen Bereichen. (loca)
7 nox colorem rebus aufert. *(Redensart i. D.?)*		7 Die Nacht nimmt den Dingen die Farbe (weg). *(Redensart i. D.: Nachts sind alle Katzen grau.)*

Fortsetzung von **22**

7 quid est turpius quam iniuria, quae fit consulto et cogitata?	7 Was ist schimpflicher als Unrecht, das mit Absicht und überlegt geschieht?
8 ex consilio patrum Romulus societatem cum gentibus vicinis facere studebat. (vicinus: benachbart)	8 Auf den Beschluß der Ältesten (Väter) hin bemühte sich Romulus um ein Bündnis mit den Nachbarstämmen.

22 concilium – consilium – °consultum – °consulto – consulere – °conciliare

concilium, concilii *n.*		Versammlung
cōnsilium, cōnsiliī *n.*		Beratung;
	(als Institution)	Rat, Ratsversammlung;
	(als Ergebnis)	Beschluß, Plan, Absicht, Einsicht
cōnsultum, cōnsultī *n.*	*z.B.* senatūs	Beschluß
cōnsultō *Adv.*		mit Absicht
cōn|sulere, cōn|sulō, cōn|suluī, cōn|sultum	**1.** *absolut*/de re/ *m. indir. Frage*	1. beratschlagen, sich beraten über etw./ob/was *etc.*
	2. hominem de re/*m. indir. Frage*	2. jmdn. um Rat fragen wegen etw./ob/was *etc.*
	3. *z.B.* poenam (in hominem)	3. etw. (gegen jmdn.) beschließen
	4. *z.B.* saluti/ civibus	4. Sorge tragen für etw./jmdn.
con|ciliāre, -ō, con|ciliāvī, con|ciliātum	*z.B.* fidem/ pacem	gewinnen, stiften

1 Romulus mortuus in concilium deorum receptus est. → 61	1 Nach seinem Tod wurde Romulus in die Versammlung der Götter aufgenommen.
2 malum est consilium, quod mutari non potest.	2 Schlecht ist ein Plan, der nicht mehr zu ändern ist.
3 Alcibiadis consilio atque auctoritate Athenienses Syracusanis bellum indixerunt.	3 Auf Alkibiades' Rat und Einfluß hin erklärten die Athener den Einwohnern von Syrakus den Krieg.
4 omnis res publica consilio quodam regenda est.	4 Jeder Staat muß mit einer gewissen ‹Form von› Planung gelenkt werden.
5 senatus in Catilinam consultum grave erat. → 44	5 Der Senatsbeschluß gegen Catilina war streng.
6 patronus (der Schutzherr) clientibus suis in iudiciis consulebat.	6 Der Schutzherr sorgte in Prozessen für seine Schützlinge.

23 consīdere – °considerare

cōn|sīdere, cōn|sīdō, cōn|sēdī, cōn|sessum	*m. Ortsangabe:* **1.** *allgemein* **2.** *militärisch*	1. sich setzen, sich niederlassen 2. ein Lager aufschlagen, lagern
cōn|sīderāre, cōn|sīderō, cōn|sīderāvī, cōn|sīderātum	(cum homine) rem/de re/*m. indir. Frage*	(mit jmdm.) etw. betrachten, überdenken, bedenken, ob/was *etc.*

1 amici, qui in umbra consederant, subito a bestiis excitati sunt. (K)	1 Die Freunde, die sich in den Schatten gesetzt hatten, wurden plötzlich von wilden Tieren aufgeschreckt. (in umbra)
2 homines, quaecumque emere volunt, diligenter considerant. (K)	2 Die Menschen betrachten sorgfältig alles, was sie kaufen wollen. *(Objekt(satz)*: quaecumque o. V.)
3 considerent consules, quid nunc faciendum sit. (K)	3 Die Konsuln sollen überlegen, was nun zu tun ist. *(indir. Frage)*
4 multi homines maria periculosissima superaverunt, ut aliis in terris considerent. (K)	4 Viele Menschen haben erfolgreich äußerst gefährliche Meere überquert, um sich in anderen Ländern anzusiedeln. (in terris)
5 exercitus sub monte consederat. (K)	5 Das Heer hatte am Fuße des Berges ein Lager bezogen. (exercitus; sub monte)

24 consistere – constare – constituere

cōn|sistere, cōn|sistō, cōn|stitī	**1.** *absolut/m. Ortsangabe* **2.** in re **3.** ex re/in re	1. sich aufstellen, still stehen bleiben 2. sich in etw. behaupten 3. bestehen aus etw., beruhen auf etw.
cōn|stāre, cōn|stō, cōn|stitī	**1.** ex re **2.** *z.B.* magno/ pluris **3.** *m. Dat./* cum re	1. bestehen aus etw. 2. (zu stehen kommen), kosten 3. fest bleiben, jmdm./einer Sache treu bleiben
cōn|stat, cōn|stitit	*m. AcI*	es steht fest, daß . . .
cōn|stituere, cōn|stituō, cōn|stituī, cōn|stitūtum	**1.** *m. Akk.* **2.** rem/*m. Inf./* ut/*m. indir. Frage*	1. aufstellen, einsetzen 2. festsetzen, beschließen (etw./ daß/wie *etc.*)

1 homo constat ex animo et corpore. (K)	1 Der Mensch besteht aus Seele und Körper. (ex)
2 legatus venit ad constitutam diem.	2 Der Gesandte kam zum festgesetzten Termin.
3 consul constituit iter in provinciam facere. (K) → 51	3 Der Konsul beschloß, in die Provinz zu reisen. (*Inf.*)
4 victoribus publice statuae constituebantur. → 19	4 Den Siegern wurden von Staats wegen Statuen errichtet.
5 satis constat terram circa solem moveri, non solem circa terram. (K) → 90	5 Es steht hinreichend fest, daß sich die Erde um die Sonne dreht, nicht die Sonne um die Erde. (*AcI*)
6 Caesar constituit, quantam pecuniam Britannia populo Romano penderet. (pendere: bezahlen) (K)	6 Caesar setzte fest, wieviel Geld Britannien dem römischen Volk zu zahlen habe. (*indir. Frage*)
7 prima luce milites pro castris constiterunt; deinde impetum fecerunt. (K)	7 Bei Tagesanbruch stellten sich die Soldaten vor dem Lager auf; dann griffen sie an. (*Ortsangabe* pro castris)
8 multae res olim minoris constiterunt quam hodie. (K)	8 Viele Dinge kosteten früher weniger als heute. (minoris)

25 contendere – °contentus – contemnere – contingere – continēre

con|tendere, -ō, con|tendī, con|tentum	**1.** *z.B.* arcum **2.** *absolut/ m. Inf.*/ut **3.** ad/in *m. Akk./ Inf.* **4.** rem/ut **5.** *m. AcI* **6.** cum homine/ contra hominem/ de re/propter rem	1. anspannen 2. sich anstrengen (zu tun); darauf hinarbeiten, daß 3. eilen zu; sich beeilen, zu (tun) 4. etw. dringend verlangen 5. fest behaupten, daß . . . 6. mit jmdm./um etw. kämpfen, streiten
contentus, contenta, contentum	**1.** *m. Abl.* **2.** *absolut*	1. sich auf etw. beschränkend, zufrieden mit etw. 2. angespannt, eifrig
con|temnere, -ō, con|tempsī, con|temptum	*m. Akk.*	verachten
con|tingere, -ō, con|tigī	*m. Akk.*	berühren
con|tingit, con|tigit	(homini) ut	es gelingt (jmdm.), zu (tun)
con|tinēre, -eō, con|tinuī, con|tentum	**1.** *m. Akk.* **2.** hominem a re/ne/quin	1. festhalten, umfassen, enthalten 2. jmdn. von etw. fernhalten/ davon abhalten, zu (tun)
con|tinērī	(in) re	beruhen auf etw., bestehen in etw.

1 ager Helveticus mare non contingit. (K)	→ 3	1 Das Gebiet der Helvetier grenzt nicht ans Meer. (*Akk.-Obj.* mare)
2 omnia, quae aluntur et crescunt, continent in se vim caloris. (calor: Wärme)		2 Alles, was sich nährt und wächst, enthält in sich Wärme-Kraft.
3 contigit mihi, ut ex itinere periculoso salvus (heil) redirem. (K)		3 Es gelang mir, von einer gefahrvollen Reise wohlbehalten zurückzukehren. (mihi, ut)
4 magna artis pars continetur imitatione. (K)	→ 10	4 Ein großer Teil der Kunst besteht in Nachahmung. (*Passiv; Abl.* imitatione)

26 continuus – continuo – °continenter – contentio – cōntio

continuus, continua, continuum	zusammenhängend, ununterbrochen
continuō *Adv.*	sofort, ohne weiteres
continenter *Adv.*	ununterbrochen
contentiō, contentiōnis *f.*	Anspannung, Streit
cōntiō, cōntiōnis *f.*	(Heeres-/Volks-)Versammlung

1 tota nocte continenter ierunt. → 95	1 Während der ganzen Nacht marschierten sie ohne Unterbrechung.
2 oratores Romani in contionem populi prodibant.	2 Römische Redner traten in der Volksversammlung auf.
3 antiquis temporibus libri, inscriptiones aliaque litteris continuis conscribebantur.	3 Im Altertum wurden Bücher, Inschriften und anderes in zusammenhängenden Buchstaben *(d. h. ohne Wort- und Satztrennung)* geschrieben.
4 magna fuit inter cives contentio, utrum intra muros manerent an obviam irent hostibus. → 58	4 Groß war der Streit unter den Bürgern ‹darüber›, ob sie innerhalb der Mauern bleiben oder den Feinden entgegenziehen sollten.

Fortsetzung von **25**

5 est divitissimus, qui minimo contentus est. (K)	5 Am reichsten ist, wer mit dem wenigsten zufrieden ist. *(Abl.* minimo)
6 praetor maximis itineribus in provinciam contendit. (K)	6 Der Praetor eilte in riesigen Tagesetappen in die Provinz. (in provinciam)
*7 Cicero contendebat Romanos multa a Graecis accepta fecisse meliora. (K)	7 Cicero behauptete mehrfach nachdrücklich, daß die Römer vieles, was sie von den Griechen übernommen hatten, ‹noch› verbessert hätten. *(AcI)*
8 qui stadium (Wettlauf) currit, contendit, ut vincat. (K)	8 Ein Wettläufer kämpft, um zu siegen. (ut)

25/26 contendere . . . / continuus . . .

Zusammenfassende Übung: Welches Wort paßt?

1 velim tibi omnia, quae optas, [contineant/contingant].

1 contingant: Mögen dir alle deine Wünsche (alles, was du wünschst) in Erfüllung gehen!

2 nulla res amicos vehementius [continet/contingit] quam fides.

2 continet: Nichts hält Freunde fester zusammen als Treue.

3 summa [contentione/contione] utrimque pugnatum est.

3 contentione: Auf beiden Seiten kämpfte man mit größter Anstrengung.

4 qui (wie) fit, ut pauci sorte sua [contenti/continui] sint?

4 contenti: Wie kommt es, daß nur wenige mit ihrem Los zufrieden sind?

5 vix me [contentio/contineo/continuo], quin (daß nicht) rideam.

5 contineo: Ich kann mir kaum das Lachen verkneifen.

6 sapiens erat instructus ad mortem [contemnendam/continendam].

6 contemnendam: Ein Weiser war gerüstet, den Tod zu verachten.

*7 cum auxilium a te imploraverim, [contentione/continuone] ad me venies?

7 continuo-ne: Wenn ich dich um Hilfe bitte, wirst du ‹dann› sofort zu mir kommen?

Fortsetzung von **27**

6 in terra aliena duce nobis opus est. (K)

6 In einem fremden Land brauchen wir einen Führer. (*Abl.* duce, *Dat.* nobis)

7 quod virum decet, id puerum saepe dedecet (= non decet). (K)

7 Was sich für einen Mann gehört, gehört sich oft nicht für einen Jungen. (*Akk.* virum – puerum)

8 testem verum dicere et oportet et opus est.

8 Daß ein Zeuge die Wahrheit sagt, ist eine Sache sowohl des Anstands als auch der Zweckmäßigkeit.

*9 extincto sole animalia omnia necesse est extinguantur.

9 Wenn die Sonne erlischt, erlischt notwendig alles Leben (alle Lebewesen).

27 **debēre – °decēre – oportēre – opus esse – necesse est** *(Bedeutungsnuancen)*

debēre, debeō, debuī, debitum	**1.** *m. Inf.* **2.** (homini) rem	1. müssen *(moral. Verpflichtung)* 2. (jmdm.) etw. schulden/verdanken
nōn debēre	*m. Inf.*	nicht (tun) dürfen
decet, decuit	**1.** hominem **2.** *m. Inf./AcI*	1. es schickt sich für jmdn. 2. es schickt sich, zu … / daß man …; man muß … *(Schicklichkeit)*
oportet, oportuit	*m. Inf./AcI/ Konj.*	es gehört sich, zu … / daß man …; man soll … *(Anständigkeit)*
opus est/sunt	(homini)	(für jmdn.) nötig sein
opus est	**1.** (homini) *m. Abl.* **2.** *m. Inf./AcI*	1. etw./jmdn. nötig haben, etw./jmdn. brauchen 2. nötig sein, müssen *(Bedürfnis, Zweckmäßigkeit)*
necesse est	*m. Inf./AcI/* (ut +) *Konj.*	es ist notwendig, zu … / daß (man) …; (man) muß … *(unausweichliche Notwendigkeit)*

Versuche, in der Übersetzung auch die Bedeutungsnuancen der Übungswörter zum Ausdruck zu bringen.

1 corpus mortale aliquo tempore interire necesse est.	1 Ein sterblicher Körper muß notwendigerweise zu irgendeinem Zeitpunkt vergehen.
2 nonnulli putant debere cives pro patria pugnare. (K)	2 Manche glauben, Bürger müssen für ihr Vaterland kämpfen. (*Inf.* pugnare)
3 promissum (Versprechen) mutare non debes. (K)	3 Du darfst dein Versprechen nicht brechen (ändern). (non debere + *Inf.*)
4 lex sit brevis et clara oportet.	4 Ein Gesetz soll kurz und verständlich sein.
5 quantam pecuniam tibi debeo? (K)	5 Wieviel Geld schulde ich dir? (*Akk.* pecuniam; *Dat.* tibi)

28 deinde – dēnique – tandem – tamen

deinde *Adv.*	darauf, ferner
dēnique *Adv.*	zuletzt, endlich
tandem *Adv.*	endlich, schließlich (tandem)
tamen *Adv./Kjtion.* (quamquam . . ., tamen)	trotzdem (tamen)

* Welches Wort paßt jeweils? (K)

a) Hercules, quamquam turpe putabat Eurystheo, homini ignavo, servire, [tamen/tandem] omnia perfecit, quae ille imperaverat (ignavus: feige).

a) tamen: Obwohl Herakles es als schimpflich ansah, Eurystheus, einem Feigling, zu dienen, führte er trotzdem alles durch, was jener befahl (befohlen hatte). (quamquam)

b) primum leonem atrocissimum necavit; [deinde/denique] Hydram, serpentem novem capitum, sustulit (leo: Löwe; serpens: Schlange);

b) deinde: Als erstes erlegte er einen gefährlich wilden Löwen, danach beseitigte er die Hydra, eine Schlange mit neun Köpfen. (primum)

c) tum cerva (Hirschkuh) celerrima ei vīva erat capienda: tam diu eam persequebatur, dum (bis) cursu fatigata (erschöpft) concidit; [tamen/tandem] manibus eam cepit.

→ 100

c) tandem: Dann mußte er eine blitzschnelle Hirschkuh lebend fangen. Er verfolgte sie so lange, bis sie, vom Lauf erschöpft, zusammenbrach; da endlich konnte er sie mit ‹bloßen› Händen fangen. *(Abschluß einer Handlungskette)*

d) postquam multas res mirabiles perfecit, Cerberum, orci custodem, [deinde/denique] superavit (orcus: die Unterwelt).

d) denique: Nachdem er ‹schon› viele wunderbare Dinge vollbracht hatte, bezwang er zuletzt Cerberus, den Wächter der Unterwelt. *(Stellung inmitten des Hauptsatzes – deinde leitet dagegen einen Satz ein.)*

e) [tamen/tandem], cum mortuus esset, a deis immortalitatem accepit.

e) tandem: Endlich erhielt er, als er gestorben war, von den Göttern die Unsterblichkeit. *(Ergebnis)*

29 delēre – dolēre – dolor – °dolus

dēlēre, dēleō, dēlēvī, dēlētum	*m. Akk.*	zerstören, tilgen
dolēre, doleō, doluī	**1.** res (homini) **2.** *absolut/* rem/(de) re/ *m. AcI*/quod	1. schmerzen, weh tun 2. Schmerzen haben, Schmerz empfinden über etw./darüber, daß . . ., bedauern
dolet	homini	es schmerzt jmdn., es tut jmdm. leid
dolor, dolōris *m.*		Schmerz, Kummer (dolor)
dolus, dolī *m.*		List, Betrug (dolus)

1 amicis dolori fuit meus dolor.	1 Meinen Freunden bereitete mein Schmerz Kummer.
2 dolui urbem per dolum ac fraudem deletam esse.	2 Ich bedauerte es, daß die Stadt durch List und Betrug zerstört worden war.
3 philosophi quidam contendebant summam voluptatem esse dolore carere. → 25; → 16	3 Einige Philosophen behaupteten, das höchste Lustgefühl bestehe darin, frei von Schmerz zu sein.
4 quod alii dolent, id alii laetantur.	4 Worüber die einen betrübt sind, darüber freuen sich andere.
5 difficile est memoriam iniuriae acceptae delere.	5 Es ist schwer, die Erinnerung an erlittenes Unrecht auszulöschen.
6 cum dolorem dentium ferre non iam posset, ad medicum properavit. (properare: eilen)	6 Als er seine Zahnschmerzen nicht mehr ertragen konnte, ging er schnell zum Arzt.

Wie lautet die Grundform zu den folgenden Formen?

delerem	deles	delere	delere
dolerem	doles	dolere	dolere
dolorem	dolis	dolor	dolus
dolores	dolos	dolor	dolus
deberes △	dolo	debere	dolus
	doleo		dolere

30 deligere – diligere – °eligere – neglegere

dē|ligere, dē|ligō dē|lēgī, dē|lēctum	auswählen
dī|ligere, dī|ligō, dī|lēxī, dī|lēctum	hochschätzen, lieben (diligere)
ē|ligere, ē|ligō, ē|lēgī, ē|lēctum	auswählen, auslesen
neg|legere, neg|legō, neg|lēxī, neg|lēctum	nicht beachten, vernachlässigen

Welches Wort paßt jeweils im Satz?

1 Helvetii Orgetorigem [delegerunt/dilexerunt], ut pacem et amicitiam cum proximis civitatibus confirmaret.

1 delegerunt: Die Helvetier wählten Orgetorix (für die Aufgabe), Frieden und Freundschaft mit den benachbarten Völkerschaften zu festigen (damit er ... festige).

2 pius Aeneas numquam fata deorum [dilexit/neglexit].

2 neglexit: Der gewissenhafte (fromme) Aeneas ließ niemals den Götterwillen (die Göttersprüche) unbeachtet.

3 Iulus, Aeneae filius, locum ad urbem condendam [dilexit/elegit].

3 elegit: Iulus, der Sohn des Aeneas, suchte einen Ort zur Gründung einer Stadt (gemeint: Alba Longa) aus.

4 Orpheus nullam aliam plus [dilexit/elegit] quam Eurydicem.

4 dilexit: Orpheus liebte keine andere (Frau) mehr als Eurydike.

5 magna di ċurant, parva [diligunt/neglegunt].

5 neglegunt: Um Großes kümmern sich die Götter, Kleines lassen sie unbeachtet.

Fortsetzung von **31**

Ordne zu Gegensatzpaaren:

divitibus	paupertate
divinis	divis
hominibus	deis
divitiis	pauperibus
humanis	humanis

divitibus	↔	pauperibus
divinis	↔	humanis
hominibus	↔	deis
divitiis	↔	paupertate
humanis	↔	divis

31 deus – dea – divinus – divus – dives – divitiae

deus, deī *m.*	Gott
Nom. Pl. oft: dī	
Dat. Pl. oft: dīs	
dea, deae *f.*	Göttin
Dat. Pl.: deabus	
dīvīnus, dīvīna, dīvīnum	göttlich, weissagend
dīvus, dīva, dīvum	göttlich, weissagend
dīvus Caesar	der vergöttlichte Caesar
dīves,	reich
Gen. dīvitis	
dīvitiae, dīvitiārum *f. Pl.*	Reichtum
dīvidere, dīvidō, dīvīsī, dīvīsum	trennen, teilen, verteilen

1 reges Persarum ut (wie) di colebantur. → 82	1 Die Könige der Perser wurden wie Götter verehrt.
2 fidum amicum pluris aestima quam divitem!	2 Einen treuen Freund achte höher als einen reichen!
3 Romani imperatores mortuos honoribus divinis afficiebant. (imperatores, *Pl.*: Kaiser)	3 Die Römer ließen ihren toten Kaisern göttliche Ehren zuteil werden.
4 inopia aquae atque ciborum oppressi Romani ab Iove ceterisque dis deabusque auxilium petebant. → 70	4 Durch Mangel an Wasser und Nahrungsmitteln in Bedrängnis gebracht, baten die Römer Jupiter und die übrigen Götter und Göttinnen um Hilfe.
5 nonnumquam divites divitias ante mortem inter cives dividunt. → 61	5 Manchmal verteilen Reiche ihren Reichtum vor ihrem Tod unter den Mitbürgern.
6 Caesar Augustus, divi Caesaris filius, fines imperii Romani usque ad Indos propagavit. (propagare: ausdehnen)	6 Caesar (Kaiser) Augustus, der Sohn des vergöttlichten Caesar, dehnte das Gebiet des Römischen Reiches bis zu den Indern aus.

32 dīcere – discere – docēre – °discernere – discedere

dīcere, dīcō, dīxī, dictum	**1.** *absolut* **2.** rem/*m. AcI;* *z.B.* diem **3.** *m. dopp. Akk.*	1. reden 2. etw. sagen, erklären daß . . .; (den Tag/Termin) festsetzen 3. jmdn. zu etw. ernennen
discere, discō, didicī	ab homine rem/ *m. Inf./AcI/indir. Frage*	(von jmdm. etw./daß/was *etc.*) lernen
docēre, doceō, docuī, doctum	**1.** hominem rem **2.** hominem de re **3.** *m. AcI*	1. jmdn. etw. lehren, jmdn. in etw. unterweisen 2. jmdn. von etw. in Kenntnis setzen 3. jmdn. darüber belehren daß . . ., jmdm. auseinandersetzen daß . . .
dis|cernere, dis|cernō, dis|crēvī, dis|crētum	rem/*m. AcI*	trennen, unterscheiden, entscheiden
dis|cēdere, dis|cēdō, dis|cessī, dis|cessum	*absolut/m.* (a+) *Abl./Richtungsangabe*	auseinandergehen, weggehen (von . . . – nach/zu . . .)

1 Germani a Gallis Rheno flumine discernebantur.	1 Die Germanen wurden von den Galliern durch den Rhein getrennt.
2 saepe deliberandum est, discernendum semel.	2 Überlegen muß man mehrfach, entscheiden ‹aber nur› einmal.
3 scribere scribendo, dicendo dicere disces.	3 Schreiben lernst du durch Schreiben, Reden durch Reden. *(i. L. Futur – i. D. Präsens)*
4 Verres sua sponte in exsilium discessit.	4 Verres ging von sich aus ins Exil.
5 quae nocent, docent. *(Sprichwort i. D.?)*	5 Was schadet, lehrt. *(Sprichwort i. D.: Aus Schaden wird man klug.)*
6 homines, dum docent, discunt.	6 Die Menschen lernen beim Lehren (indem sie lehren).

33 domus – dominus – °dominari

domus, domūs *f.*		Haus, Wohnung, Heimat
domī		zu Hause, im Hause
domum		nach Hause
domō		von/aus dem Hause
dominus, dominī *m.*	**1.** *(neutral)* **2.** *(negativ)*	1. (Haus-)Herr 2. Alleinherrscher
dominārī, dominor, dominātus sum	**1.** *(neutral)* **2.** *(negativ)* in hominem	1. Herr sein, größte Geltung haben 2. den Herrn spielen gegenüber jmdm., jmdn. tyrannisieren

1 domus tota hospitem salutavit. → 95; → 46	1 Das ganze Haus begrüßte den Gast.
2 dominus liberalis peregrinum domum suam recipit. (peregrīnus: Fremder) → 55	2 Ein großzügiger Hausherr nimmt einen Fremden in sein Haus auf.
3 populi dominus a Graecis ‚tyrannus' vocabatur.	3 Der Alleinherrscher über ein Volk wurde von den Griechen ‚Tyrann' genannt.
4 magna est miseria civium, cum foris bella, domi seditiones sunt.	4 Groß ist das Elend der Bürger, wenn es draußen Kriege, im Innern revolutionäre Unruhen (Aufstände) gibt.
5 Romani longe a domo bellare consueverant.	5 Die Römer waren es gewohnt, weit entfernt von ihrer Heimat Krieg zu führen.
6 Cicero domi suae a sociis Catilinae paene necatus est.	6 Beinahe wäre Cicero in seinem Hause von Catilinas Gesinnungsgenossen ermordet worden.
7 pater in familiam dominari non debet.	7 Ein Vater darf seine Familie nicht tyrannisieren.
*8 melius regitur res publica, in qua consilium dominatur, quam in qua licentia (Willkür).	8 Besser wird ein Gemeinwesen gelenkt, in dem Einsicht die entscheidende Rolle spielt, als (eines), in dem Willkür herrscht.

34 ēdere – °edere – °ēditus – egēre – agere

ēdere, ēdō, ēdidī, ēditum	rem (*z.B.* librum, nomen)	herausgeben, hervorbringen, vollbringen, aussprechen
edere, edō, ēdī, ēsum	(*z.B.* cibum bonum)	essen
ēditus, ēdita, ēditum	*z.B.* locus	emporragend, hoch
egēre, egeō, eguī	re	Mangel haben an etw., etw. brauchen
agere, agō, ēgī, āctum	**1.** rem/*absolut* **2.** de re	1. etw. treiben, betreiben, tun; handeln 2. über etw. verhandeln

1 Pythius (pythisch, delphisch) Apollo multa et ancipitia oracula edidit.	1 Der pythische (delphische) Apollo gab viele doppeldeutige Orakel.
2 arces Romanorum et Graecorum locis editis sitae erant. → 10	2 Die Burgen der Römer und Griechen waren auf Höhen gelegen.
3 nonnulli ‹dicunt›: pecunia careo, sed non egeo. → 16	3 Manche Leute sagen: Ich habe kein Geld, brauche aber ‹auch› keines.
4 Ovidius poeta partem vitae in exsilio egit eguitque omnibus amicis. (K)	4 Der Dichter Ovid verbrachte einen Teil seines Lebens im Exil und entbehrte ‹dort› alle Freunde. (*Akk. bei* egit *von* agere, *Abl. bei* eguit *von* egēre)
*5 haec est condicio mortalium, ut, quae alii ediderunt, alii edant.	5 Dies ist das Los (die Lage) der Sterblichen, daß, was die einen hervorgebracht haben, die anderen verzehren.

*** Verben mit e-: Bei welchen handelt es sich um – mit ex/e – zusammengesetzte Verben?** *Nenne zu diesen (verba) Komposita das entsprechende (verbum) Simplex (Grundverb).*

erigere	effugere	erigere (regere)	effugere (fugere)
eripere	eligere	eripere (rapere)	eligere (legere)
ēdere	educere	ēdere (dare)	educere (ducere)
excipere	edere	excipere (capere)	erumpere (rumpere)
eicere	erumpere	eicere (iacere)	egredi (gradi)
emere	egredi	evenire (venire)	efferre (ferre)
evenire	errare		
egere	efferre		

35 equus . . . – pēs . . .

equus, equī *m.*	Pferd
eques, equitis *m.*	Reiter, Ritter, Kavallerist
equitātus, equitātūs *m.*	Reiterei, Kavallerie
equester, equestris, equestre	zur Reiterei gehörig, Reiter-, Kavallerie-
equitāre, -ō, -vi, -tum	reiten
pēs, pedis *m.*	Fuß
pedes, peditis *m.*	Fußsoldat, Infanterist
°**peditātus,** peditātūs *m.*	Fußvolk, Infanterie
°**pedester,** pedestris, pedestre	zum Fußvolk gehörig, Infanterie-

1 a) multi equites sunt equitatus. b) multi pedites sunt peditatus.	1 a) Viele Kavalleristen sind (zusammen) die Kavallerie. b) Viele Infanteristen sind (zusammen) die Infanterie.
2 a) equitum pugna appellatur pugna equestris. b) peditum pugna appellatur pugna pedestris.	2 a) Ein Kampf der Reitersoldaten heißt Kavalleriegefecht. b) Ein Kampf der Fußsoldaten heißt Infanteriegefecht.

36 erga – ergo – °error – errare – eram

ergā *Präp.*	*m. Akk.*	gegen, gegenüber *(in freundlichem Sinne)*
ergō *Kjtion.*		also (ergo)
error, errōris *m.*	**1.** *(allgemein)* **2.** *z. B.* errores Ulixis	1. Irrtum, Fehler 2. Irrfahrt
errāre, errō, errāvī, errātum	**1.** *m. Ortsangabe* **2.** *absolut*	1. umherirren 2. sich irren
eram, erās . . .		*Imperfekt von* esse

Welches Wort paßt jeweils? (K)

1 cogito, [erga/ergo] sum. → 20

1 ergo: Ich denke, also bin ich. *(Kjtion. (kein Subst. vorhanden))*

2 gratias tibi ago pro tua benevolentia [erga/ergo] me.

2 erga: Ich danke dir für das Wohlwollen, das du mir entgegenbringst (für dein Wohlwollen mir gegenüber). *(Präp. m. Akk.* me)

3 multae gentes perpetuam [erga/ergo] populum Romanum fidem servabant. → 43

3 erga: Viele Völker hielten ununterbrochene Treue gegenüber dem römischen Volk. *(Präp. m. Akk.* populum Romanum)

4 magno in [errare/errore] eras.

4 errore: Du befandest dich in einem großen Irrtum. *(Präp.* in *m. Abl.)*

5 si [errares/errores], [errarem/errorem] tibi eripere conarer.

5 errares – errorem: Wenn du dich irrtest, würde ich versuchen, dir deinen Irrtum zu nehmen. *(Prädikat im si-Satz erforderlich; Prädikat im Hauptsatz vorhanden, Akk.-Objekt zu* eripere *erforderlich)*

6 dum [eras/erras] dives, nemo te non admirabatur. → 31

6 eras: Solange du reich warst, bewunderte dich jeder. *(Satzgefüge im Imperfekt;* dives: *Prädikatsnomen zum Hilfsverb* eras)

37 experiri – expertus – °expers

experīrī, experior, expertus sum	*m. Akk./AcI*	versuchen, (durch Erfahrung) kennenlernen
expertus, experta, expertum	**1.** *m. Gen.* **2.** *absolut*	1. erfahren in etw. 2. erprobt
expers, *Gen.* expertis	*m. Gen.*	ohne Anteil an etw., frei von etw.

experti/expertes: Welches Wort paßt?

1 Galli varias belli fortunas ______ sunt. (fortunas: *i. D. Sg.*) (K)

1 experti: Die Gallier lernten unterschiedliches Kriegsglück kennen. (*Akk.* varias fortunas)

2 longe absumus a natura ferarum, quae rationis et orationis ______ sunt.

2 expertes: Wir sind sehr verschieden von der Naturanlage der Tiere, die keine Vernunft und Redefähigkeit besitzen.

3 Romani vim Britannorum ______ in patriam reverterunt. (K)

3 experti: Die Römer kehrten in ihr Vaterland zurück, nachdem sie die Gewalt der Britannier erfahren (kennengelernt) hatten. (*Akk.* vim)

4 exercitūs Romanorum Germanos multis bellis ____ modo vicērunt modo ab eis victi sunt. (K) → 100

4 experti: Die Heere der Römer, die die Germanen in vielen Kriegen kennengelernt haben, siegten einmal, ein andermal wurden sie von ihnen (den Germanen) besiegt. (*Akk.* Germanos)

Fortsetzung von **36**

7 dum [eras/erras], nemo te admiratur.

7 erras: Solange du irrst, bewundert dich niemand. (*Satzgefüge im Präsens*)

*8 inscriptio sepulcralis: [ERAM/ERREM], QUOD ES; ERIS, QUOD SUM. (sepulcrum: Grab)

8 ERAM: Grabinschrift: Ich war, was du bist. Du wirst sein, was ich bin. (*Paralleler Bau der Inschrift; es kommen nur Formen von* esse *vor.*)

38 facere – factum – facilis – facinus – facultas – °factio – °fācundus

facere, faciō, fēcī, factum	**1.** *allgemein* **2.** *z. B.* magni/parvi	1. machen, tun 2. (hoch/gering) schätzen, achten
factum, factī *n.*		Tat
facilis, facilis, facile	**1.** *(von Dingen)* **2.** *(von Personen)*	1. leicht, schnell 2. umgänglich, bereitwillig
facinus, facinoris *n.*	**1.** *(neutral)* **2.** *(negativ)*	1. Tat, Handlung 2. Untat, Verbrechen
facultās, facultātis *f.*		Möglichkeit, Gelegenheit
factiō, factiōnis *f.*		Partei, Clique
fācundus, fācunda, fācundum		redegewandt, beredt

1 carmina facilius ediscuntur quam orationes. (e|discere: auswendig l.)	1 Gedichte lassen sich leichter auswendig lernen als Reden.
2 Socrati multae ad fugiendum facultates datae erant. at non fugit.	2 Sokrates waren viele Gelegenheiten zur Flucht gegeben. Aber er floh nicht.
*3 vir facundus facile ad facinus vulgus adducit. → 104	3 Ein redegewandter Mensch verleitet die große Masse leicht zu einer bösen Tat.
4 factum infectum fieri non potest.	4 Geschehenes kann man nicht ungeschehen machen.
5 quod tibi fieri non vis, alteri ne feceris! *(Sprichwort i. D.?)* → 101	5 *Sprichwort:* Was du nicht willst, daß man dir tu, das füg(e) auch keinem andern zu!
*6 nulla res est tam facilis, quin (daß nicht) difficilis sit, si eam invitus facias. → 49	6 Keine Sache ist so leicht, daß sie nicht schwierig sein kann, wenn man sie ‹nur› mit Widerwillen macht.
*7 virum facilem et clementem pluris facere solemus quam difficilem et asperum. (clemens: milde)	7 Einen umgänglichen und milden Menschen (Mann) schätzen wir im allgemeinen mehr als einen mürrischen und barschen.

39 ferre – ferē/fermē – °ferus – ferrum – °ferreus – °ferīre

ferre, ferō, tulī, lātum	**1.** *(allgemein)*	1. tragen, (mit sich) bringen
	2. *z.B.* malum	2. ertragen
	3. *z.B.* praemium	3. davontragen, gewinnen
	4. *z.B.* suffragium	4. seine Stimme abgeben, abstimmen
	5. *z.B.* rogationem	5. einen Gesetzesvorschlag einbringen
	6. *z.B.* aegre	6. nur mit Mühe ertragen, entrüstet sein
ferunt	*m. AcI*	sie sagen/man sagt, daß ...
ferrī *Passiv*	*absolut/m. Richtungsangabe*	(schnell) bewegt werden, eilen, stürzen
fertur/feruntur	*m. Inf.*	man sagt von jmdm., daß ... jmd. soll *m. Inf.*
ferē/fermē *Adv.*		fast, etwa, meistens
ferus, fera, ferum		wild, ungezähmt
fera (*d. h.* bestia)		(wildes) Tier
ferrum, ferrī *n.*		Eisen
ferreus, ferrea, ferreum		eisern, grausam
ferīre, feriō	1. *z.B.* animal	1. schlagen, stoßen, treffen
	2. foedus	2. ein Bündnis schließen

1 multae viae ferunt Romam.	1 Viele Wege führen nach Rom.
2 Peloponnesus fere tōta in mari est. → 95	2 Die Peloponnes liegt fast ganz im Meer.
3 luna circa terram fertur.	3 Der Mond bewegt sich um die Erde.
4 iudices de reo sententiam tulerunt.	4 Die Richter fällten ihr Urteil über den Angeklagten.
5 aetas antiqua multos et praeclaros oratores tulit.	5 Das Altertum brachte viele berühmte Redner hervor.

Forts. auf S. 48

40 foedus – °foedus

foedus, foederis *n.* — (Treue-)Bündnis, Vertrag

foedus, foeda, foedum — schmutzig, niederträchtig

Welches Wort paßt jeweils im Satz? (K)

1 imperator curavit, ut honestum [foedum/foedus] fieret.

1 foedus: Der Feldherr sorgte dafür, daß ein ehrenvoller Vertrag abgeschlossen wurde. (*Adj.-Attr.:* honestum)

2 socii coniurationis [foedum/ foedus] urbis incendendae consilium ceperunt.

2 foedum: Die Mitglieder der Verschwörung faßten den niederträchtigen Plan, die Stadt in Brand zu setzen. (*Attr. zum Subst.* consilium)

*3 tyranno neque [foedius/foedus] neque invisius animal cogitari potest. (invisus: verhaßt) → 20

3 foedius: Man kann sich kein niederträchtigeres und verhaßteres Lebewesen vorstellen als einen Tyrannen. (*Komparativ:* neque 3. neque invisius)

Fortsetzung von **39**

6 auctores Romani ferunt Herculem et Ulixen etiam apud Germanos fuisse.

6 Römische Autoren berichten, daß Herakles und Odysseus sogar bei den Germanen gewesen seien.

7 incolae inclusi graviter ferunt agros suos ab hostibus flamma ferroque vastari.

7 Die eingeschlossenen Einwohner trugen schwer daran, daß ihre Felder von den Feinden mit Feuer und Schwert verheert wurden.

8 Romani novas leges ad populum ferebant.

8 Die Römer legten neue Gesetze dem Volk vor.

9 ferus ac ferreus est victor, qui neque hominibus neque feris parcit. → 69

9 Wild und grausam ist ein Sieger, der weder Menschen noch Tiere schont.

41 °fors – forte – fortuna – fortasse – fortis – °fortitūdo

fors, fortis *f.*	Zufall, Schicksal
forte *Adv. (urspr. Abl.)*	zufällig
fortūna, fortūnae *f.*	Schicksal, Glück, Lage
Fortuna *(Name)*	Fortuna, *die Glücksgöttin*
fortāsse *Adv.*	vielleicht
fortis, fortis, forte	stark, tapfer, tatkräftig
fortitūdō, fortitūdinis *f.*	Stärke, Tapferkeit

1 fortes fortuna adiuvat.	1 Den Tapferen hilft das Glück.
2 fortuna stultum facit, quem fovet nimium. (fovēre: begünstigen)	2 Das Schicksal macht ‹den› zu einem Toren, den es allzusehr begünstigt.
3 aedem Forti Fortunae cives Romani dedicaverunt, quod se summo e periculo servavisset. → 83	3 Einen Tempel weihten die römischen Bürger der ‹Göttin› Fors Fortuna, weil sie sie aus höchster Gefahr gerettet hatte.
4 Romani forti operā populorum vicinorum uti solebant. → 66	4 Die Römer pflegten die tatkräftige Hilfe benachbarter Völker in Anspruch zu nehmen.
*5 incertum est, fatone res mortalium an forte regantur.	5 Es ist unsicher, ob die Geschicke der Sterblichen durch ‹planvolle› göttliche Führung oder durch das ‹blinde› Schicksal gelenkt werden.
6 *Aus einem Dialog:* ille servus est – sed fortasse liber animo. → 55	6 Jener ist ein Sklave – aber vielleicht ein Freier in seinem Inneren.

42 fundere – fugere – fuga – °fugare

fundere, fundō, fūdī, fūsum	*m. Akk.*	(aus)gießen, zerstreuen
fugere, fugiō, fūgī, fugitum	**1.** *m. Akk.* (*auch:* a re) **2.** *m. Inf.*	1. vor jmdm./etw. fliehen, jmdn./etw. meiden 2. vermeiden (zu tun)
fuga, fugae *f.*		Flucht
fugāre, fugō, fugāvī, fugātum		in die Flucht schlagen

1 fugiunt cum sanguine vires. → 101	1 Es schwinden mit dem Blut die Kräfte.
2 nemo mortem effugit. → 61	2 Niemand entkommt (entflieht) dem Tod.
3 Persarum copiae a Graecis ad Salaminem insulam fusae atque fugatae sunt.	3 Die Truppen der Perser wurden von den Griechen bei der Insel Salamis zerstreut und in die Flucht geschlagen.
4 animal omne appetit quaedam et fugit a quibusdam, ut dicit Cicero.	4 Jedes Lebewesen strebt nach bestimmten Dingen und meidet bestimmte, wie Cicero sagt.

*** Verbinde zu sinnvollen Ausdrücken und übersetze diese:**

fuga	petit	fuga praeceps: eine wilde (jähe) Flucht
fuga	carens vas	fuge curas! Vertreibe die Sorgen!
fuga	curas	fuga laboris: die Arbeitsscheu
fuge	pericula	fuge pericula! Meide Gefahren!
fugae	laboris	fugae se mandaverunt: Sie begaben sich auf die Flucht.
fugam	praeceps	fugam petit: Er ergreift die Flucht.
fugere	se mandaverunt	fugere videtur tempus: Die Zeit scheint davonzueilen.
fundo	videtur tempus	fundo vinum e dolio: Ich gieße Wein aus dem Faß.
*fundo	vinum e dolio	fundo carens vas: ein Gefäß ohne Boden
(fundus: Boden)	(dolium: Faß)	

43 gens - genus - ingenium - ingens - °ingenuus

gēns, gentis *f.*		Sippe, Volksstamm, Volk
genus, generis *n.*		Herkunft, Geschlecht, Art
ingenium, ingeniī *n.*		Anlage, Begabung, Intelligenz
ingēns *Adj., Gen.* ingentis		ungeheuer groß, ungeheuer
ingenuus, ingenua, ingenuum	**1.** *(im jurist. Sinne)* **2.** *(im übertragenen Sinne)*	1. von freien Eltern abstammend (*und nicht von Sklaven*), frei 2. eines freien Mannes würdig, anständig, edel
gīgnere, gignō, genuī, genitum		erzeugen, hervorbringen

Welches Wort paßt jeweils?

1 aliquis iudicem [genti/ingenti] pecuniā corrumpere conatus est. (K)

1 ingenti (*Abl. f.*): Jemand hat versucht, den Richter mit einer ungeheuren Summe Geldes zu bestechen. (pecunia) (genti: *Dat.*)

2 multa sunt [genera/ingentia] animalium.

2 genera: Es gibt viele Tierarten.

3 saepe summa [genita/ingenia] in occulto latent.

3 ingenia: Oft schlummern (sind versteckt) große Begabungen im Verborgenen.

4 erat Pericles summo [gente/ingenio] et prudentia praeditus (begabt). (K)

4 ingenio: Perikles besaß außerordentliches Talent und ein Höchstmaß an Klugheit. (summo: *Ablativ*)

5 latrones praedam [gentem/ingentem] omnis [generis/gentis] fecerunt.

5 ingentem – generis: Die Räuber machten eine riesige Beute von (Dingen) aller Art.

6 [ingenii/ingenui] sunt, qui libĕri nati sunt. (K) → 55

6 ingenui: Freie Bürger sind (diejenigen), die als Freie geboren worden sind. (liberi)

Forts. auf S. 52

44 gratus – gratia – gratiā – grat(i)īs – gravis

grātus, grāta, grātum	**1.** *(passivisch)* *z.B.* litterae	1. willkommen, angenehm
	2. *(aktivisch)* *z.B.* animus	2. dankbar
grātia, grātiae *f.*	**1.** *(passivisch)*	1. (Gunst, in der man bei jmdm. steht:) Ansehen, Beliebtheit
	2. *(aktivisch)*	2. (Gunst, die man jmdm. erweist:) Gefälligkeit, Dank
zu 2.: **grātiās agere**		jmdm. Dank sagen/danken für etw./dafür, daß ...
grātiam habēre	homini pro re/ ob rem/quod	jmdm. Dank wissen/dankbar sein für etw./dafür, daß ...
grātiam referre	homini pro re/ ob rem/quod	jmdm. Dank abstatten/sich dankbar erweisen für etw.
grātiā	*z.B.* meā grātiā/ patris grātiā	zugunsten von ..., (meinet-/des Vaters) wegen
grātiīs/grātīs *Adv. (urspr. Abl. Pl.)*		umsonst, unentgeltlich („für den bloßen Dank“)
gravis, gravis, grave		schwer, ernst, bedeutend, streng
grātulārī, -or, grātulātus sum	(homini) de re/ ob rem/quod	(jmdm.) Glück wünschen zu (einem Erfolg)

Fortsetzung von **43**

7 antiquissimis temporibus sōlis iis, qui nobili [genere/gerere] nati erant, consulatus patēbat. (K)

→ 90; → 70

7 genere: Im frühen Altertum stand nur denen, die aus dem Adel (aus vornehmer Familie) stammten, das Konsulat offen. (nobili: *Adj.-Attr. zum Subst.* g.)

Wie lautet zu den folgenden Formen die Grundform?

ingenti	geniti	ingens	gignere, gigno
ingenii	genti	ingenium	gens
ingenui	genere	ingenuus	genus
genui	gerere △	gignere, gigno	gerere, gero

1 Appius Claudius cum (bei) populo Romano magna in gratia erat.

1 Appius Claudius stand beim römischen Volk in großem Ansehen.

2 machinae (Maschinen) hominum gratia factae sunt, non homines machinarum.

2 Die Maschinen sind um der Menschen willen gemacht, nicht die Menschen um der Maschinen willen.

3 sedere in umbra gratius est quam in sole laborare.

3 Im Schatten zu sitzen ist angenehmer als in der Sonne zu arbeiten.

4 ista veritas, etiamsi iucunda non est, mihi tamen grata est.

4 Diese Wahrheit, die du mir sagst, ist mir, auch wenn sie nicht angenehm ist, dennoch willkommen.

5 senatūs in Catilinam consultum vehemens et grave erat. → 22

5 Der Senatsbeschluß gegen Catilina war streng und hart.

6 gravissime doleo, quod ingratus erga parentes fui. → 29; → 36

6 Ich bedaure es außerordentlich, undankbar gegen meine Eltern gewesen zu sein.

7 nihil gratis est; mors ipsa vitā constat. → 24

7 Nichts ist umsonst; selbst der Tod kostet das Leben.

*8 homo inops, si bonus est vir, etiamsi referre gratiam non potest, habere certe potest.

8 Ein mittelloser Mensch kann, wenn er ein rechtschaffener Mensch ist, selbst wenn er sich nicht durch die Tat dankbar erweisen kann, doch wenigstens dankbar gesinnt sein.

*9 legatio ad Caesarem venit de victoria gratulatum (-tum *(Supinum):* um zu . . .)

9 Eine Gesandtschaft kam zu Caesar, um ihm zu seinem Sieg zu gratulieren.

45 habēre – habitāre – adhibēre – °cohibēre – praebēre – prohibēre

habēre, habeō, habuī, habitum	**1.** *m. Akk.* **2.** rem/hominem magni/parvi **3.** *z.B.* honorem **4.** *m. dopp. Akk./* pro *m. Abl.*/in numero *m. Gen.* **5.** se habere *m. Adv.* (*z.B.* bene)	1. haben, halten 2. etw./jmdn. hoch/gering achten 3. erweisen, schenken 4. halten für, ansehen als, rechnen unter 5. sich auf eine ... Weise (*z.B.* gut) verhalten
habitāre, -ō, habitāvī, habitātum	*m. Ortsangabe*	wohnen
ad|hibēre, -eō, ad|hibuī, ad|hibitum	rem/hominem + *Dat.*/ad *m. Akk.*/ in *m. Abl.*	etw./jmdn. hinzuziehen zu etw., etw. anwenden zu/bei etw.
co|hibēre, -eō co|hibuī, co|hibitum	**1.** rem/hominem (re) **2.** rem/hominem a re	1. etw./jmdn. zusammenhalten, eingeschlossen halten, zügeln (mit etw.) 2. etw./jmdn. fernhalten von etw.
praebēre, -eō, praebuī, praebitum (prae + habere)	**1.** homini rem **2.** se *z.B.* fortem praebere	1. jmdm. etw. (dar)reichen, jmdm. etw. gewähren 2. sich (*z.B.* tapfer) zeigen, sich als ... erweisen
pro|hibēre, -eō, pro|hibuī, pro|hibitum	**1.** (rem/hominem) ab homine/a re **2.** (hominem) ne/quin/*m. Inf./AcI*	1. (etw./jmdn.) fernhalten/abwehren von jmdm./etw. 2. (jmdn.) daran hindern zu ..., verhindern, daß ...

habēre in verschiedenen Verbindungen

1 iucundius est domum propriam habere quam in aliena habitare. → 77	1 Es ist angenehmer, ein eigenes Haus zu haben als in einem fremden zu wohnen.

2 habeo tibi gratiam, quod me in re difficili adiuvisti.

2 Ich bin dir dankbar, daß du mir in einer schwierigen Lage geholfen hast.

3 nihil habeo, quod ad eum scribam.

3 Ich weiß nicht (habe nichts), was ich ihm schreiben soll (könnte).

4 iusti esse debent, qui in iudicum numero haberi volunt.

4 Gerecht müssen ‹diejenigen› sein, die als Richter gelten wollen.

5 audax est, qui periculum pro nihilo habet.

5 Waghalsig ist ‹derjenige›, der Gefahr für nichts erachtet.

*6 male res se habet, cum id, quod virtute effici debet, tentatur pecuniā.

6 Es ist nicht in Ordnung (schlecht verhält es sich), wenn man das, was durch eigene Leistung erreicht werden müßte, mit Geld zu erreichen sucht.

*7 eum, qui amico fidem non habet, pro amico non habemus.

7 Denjenigen, der einem Freund keinen Glauben schenkt, sehen wir nicht als einen wahren Freund an.

Komposita von habēre

1 prohibenda maxime est ira in puniendo.

1 Beim Bestrafen muß man seinen Zorn ganz besonders zurückhalten.

2 saepe Hercules ad laborem perficiendum dolum adhibuit. → 29

2 Oft wendete Herakles zur Durchführung einer Aufgabe eine List an.

3 medicina aegroto adhibetur.

3 Dem Kranken wird Medizin gegeben.

4 medicum adhibe, cum morbo gravi laboras!

4 Zieh den Arzt hinzu, wenn du an einer schweren Krankheit leidest!

5 amicorum est inter se fidem praebere.

5 Freunde müssen einander die Treue halten. (Es ist Aufgabe von Freunden, ...)

*6 virum urbanum decet furorem cohibere. → 27

6 Für einen zivilisierten Menschen gehört es sich, seine Wut zu zügeln.

46 hostis – hospes

hostis, hostis *m.* — Fremder, (Staats-)Feind

hospes, hospitis *m.* — Gast(-Freund), Fremder *(vgl. Hospiz, urspr. = Gästehaus)*

1 antiquis temporibus hostis vocabatur, qui arma contra patriam ferebat.

1 Im Altertum hieß ‹derjenige› ein (Staats-)Feind (hostis), der seine Waffen gegen das Vaterland erhob.

2 hospes est, qui alium hospitio (mit Gastfreundschaft, gastfreundlich) domi suae accipit vel ab alio accipitur.

2 Ein Gast(-Geber/-Freund) (hospes) ist ‹derjenige›, der einen anderen gastfreundlich in seinem Hause aufnimmt oder von einem anderen aufgenommen wird.

3 hospitem violare Germani nefas putabant.

3 Einem Gast Gewalt anzutun, hielten die Germanen für einen Frevel.

*4 M. Antonius a Cicerone semper hostis, ab aliis adversarius appellatus est et id, quod egit, ab illo bellum appellatum est, ab his tumultus. → 34

*4 Marcus Antonius wurde von Cicero immer (Staats-)Feind, von anderen ‹bloß› Gegner genannt, und das, was er trieb, hieß bei jenem Krieg, bei diesen Aufruhr.

47 °iacere – iacēre – iactare

iacere, iaciō, iēcī, iactum	*m. Akk. (+ Richtungsangabe)*	werfen, fallen lassen (iacere) *(Auslösen der Handlung)*
con|icere, -iō, con|iēcī, con|iectum	**1.** res *(Akk. Pl.)* **2.** (e re) rem/ *m. AcI/* de re/*m. indir. Frage*	1. etw. (hin-)werfen 2. (aus/aufgrund von etw.) etw. vermuten; vermuten, daß ...; Vermutungen anstellen über etw./ darüber, ob ...
ob|icere, -iō, ob|iēcī, ob|iectum	homini rem/ *m. AcI/*quod/ de re	jmdm. etw. entgegenwerfen/-setzen, etw. vor jmdn. hinwerfen/-setzen; jmdm. etw. vorwerfen *(tadelnd)*
sub|icere, -iō, sub|iēcī, sub|iectum	*m. Dat. + Akk.*	jmdn./etw. unter etw. hinsetzen, unterlegen, unterwerfen
iacēre, iaceō, iacuī	*absolut/ m. Ortsangabe*	liegen (iacēre) *(Ergebnis der Handlung)*
iactāre, -ō, iactāvī, iactātum	*m. Akk.*	schleudern, schütteln
iactārī/ sē iactāre	*absolut/*(de) re/ *m. AcI*	sich in die Brust werfen, prahlen mit etw./daß ...

1 magni lapides in via iacuerunt. (K)	1 Große Steine lagen auf der Straße. (*Ortsangabe* in via)
2 pueri lapides in flumen iecerunt. (K)	2 Die Jungen warfen Steine in den Fluß. (*Richtungsang.* in f.)
3 quis morbi naturam melius coniciet quam medicus?	3 Wer wird das Wesen einer Krankheit besser ermitteln (vermuten) als ein Arzt?
4 a) navis ventis undisque vehementer iactatur.	4 a) Ein Schiff wird von Windböen und Wellen heftig hin und her geworfen.
b) nautae autem iactantur se olim maiora pericula effugisse. (K)	b) Die Seeleute aber prahlen, sie seien einst größeren Gefahren entronnen. (*AcI*)
c) at paucis diebus post partes navis fractae inveniuntur hic et illic in litore iacentes. (K) → 49	c) Wenige Tage später jedoch findet man Teile des Wracks hier und dort auf dem Strand liegend. (*Ortsangabe* in litore)

48 interire - interea - interim - interdum

inter|īre, inter|eō, inter|iī, inter|itum — untergehen, vergehen

intereā *Adv.* — inzwischen, unterdessen

interim *Adv.* — inzwischen, einstweilen

interdum *Adv.* — bisweilen, manchmal

---

1 interdum magister est lenior, interdum severior.

1 Manchmal ist der Lehrer milder, manchmal strenger.

2 intereunt statuae vel vi vel vetustate.

2 Statuen zerfallen durch ‹Anwendung von› Gewalt oder auf Grund ihres Alters.

3 dum de incendii causa conicitur, aedificium interea concidit.

→ 47

3 Während man noch über die Ursache des Brandes Vermutungen anstellte, stürzte unterdessen das Gebäude zusammen.

4 omne animal intereat necesse est.

4 Jedes Lebewesen muß sterben.

5 parentes, dum iter faciunt, nesciunt, quid interim liberi domi agant.

→ 33

5 Während die Eltern eine Reise unternehmen, wissen sie nicht, was ihre Kinder inzwischen zu Hause treiben.

Fortsetzung von **49**

6 homines crudeles mihi invisi sunt.

6 Grausame Menschen sind mir verhaßt.

*7 invidi famam alterius semper minuere conantur.

7 Neider versuchen immer, den Ruhm eines anderen zu schmälern.

8 discipuli puniti sunt, quod magistro invito e scholae finibus exierant.

8 Die Schüler wurden bestraft, weil sie gegen den Willen des Lehrers das Schulgelände verlassen hatten.

*9 morbus cancri temporibus antiquis neque invisus neque inauditus erat. (cancer: Krebs) (△ invisus *hier: zu* vidēre!)

9 Die Krankheit Krebs war im Altertum durchaus bekannt (war weder etwas, das man noch nie gesehen, noch etwas, wovon man noch nie gehört hatte).

49 invenire – invidēre – invītus – °invīsus – °invidus – invidia – °invitare

in|venīre, -iō, in|vēnī, in|ventum	*m. Akk.* *(+ Ortsangabe)/* *AcI*	auf jmdn./etw. stoßen, jmdn./etw. finden/entdecken, finden/entdecken, daß ...
in|vidēre, -eō, in|vīdī, in|vīsum	**1.** homini **2.** rebus hominis	1. neidisch sein auf jmdn. 2. jmdn. um etw. beneiden
invītus, invīta, invītum		unwillig, ungern (tuend)
mē invītō		gegen meinen Willen
invīsus, invīsa, invīsum	homini/ apud hominem	verhaßt
invidus, invida, invidum	homini	neidisch auf jmdn., mißgünstig gegen jmdn.
invidia, invidiae *f.*		Neid
invītāre, -ō, invītāvī, invītātum	*m. Akk.*	einladen

1 vir probus fortunis aliorum non invidet.	1 Ein rechtschaffener Mann beneidet andere nicht um ihr Glück.
2 ad otium fruendum invitat senectus.	2 Das Alter lädt zum Genuß der Freizeit (Muße) ein.
3 de atomis findendis nullum verbum in libris Graecorum invenitur. (findere: spalten)	3 Über die Spaltung von Atomen findet sich kein Wort in den Büchern der Griechen.
4 cur divitibus nonnumquam invidetur? num fit homo pecuniā beatus? → 31	4 Warum werden Reiche manchmal beneidet? Wird der Mensch etwa durch Geld glücklich?
5 imperator e captivis invenit flumen a castris suis non longe abesse.	5 Der Feldherr erfuhr von den Gefangenen, daß der Fluß nicht weit von seinem Lager entfernt war.

50 ipse – iste – hic – hīc – ille – īdem – item – is

ipse, *Pron.* ipsa, ipsum		persönlich, selbst, eben (der/die/das), allein; *manchmal* ≈ *Reflexiv-Pron.*
iste, *Pron.* ista, istud		dieser . . . da, der . . . da *(in deinem Bereich; oft abwertend)*
hic, *Pron.* haec, hoc		dieser . . . hier *(in meinem Bereich)*
hīc *Adv.*		hier
ille, *Pron.* illa, illud		jener, der/er dort *(in einem entfernteren Bereich)*
īdem, *Pron.* eadem, idem	(ac/atque)	derselbe (wie) (idem)
item *Adv.*	(ut/quemad-modum)	ebenso (wie)
is, *Pron.* ea, id	**1.** *(allgemein)* **2.** *im Gen.* **3.** *im Dat./Akk.* **4.** *m. Relativsatz*	1. dieser 2. *i. D. Poss.-Pron.* sein/ihr 3. *i. D. Pers.-Pron.* ihm/ihr/ihm, ihn/sie/es 4. derjenige, der

---

1 omne animal se ipsum dili→git, ut ait Cicero. → 30

1 Jedes Lebewesen liebt sich selbst, wie Cicero sagt.

*2 amicus est tamquam alter idem.

2 Ein Freund ist gleichsam ein zweites Ich (ein anderer „Derselbe").

3 Socrates de eisdem rebus semper eadem dicebat, Sophistae non item.

3 Sokrates pflegte über dieselben Dinge immer dasselbe zu sagen, die Sophisten nicht [ebenso].

4 inscriptio sepulcralis: VIR BONUS HIC IACET SEPULTUS (begraben) (sepulcrum: Grab)

4 Grabinschrift: Ein guter Mensch (Mann) liegt hier begraben.

5 Persae timuerunt, ne Alcibiades ab ipsis deficeret.

5 Die Perser fürchteten, daß Alkibiades von ihnen (von ihnen selbst) abfallen könnte.

*6 Epicurus philosophus: voluptas ipsa per se, quia voluptas est, semper optanda, dolor ob id ipsum, quia dolor est, semper fugiendus est.

6 Der Philosoph Epikur ‹sagt›: Lust als solche ist, weil sie ‹eben› Lust ist, immer zu wünschen, und Schmerz ist eben deshalb, weil er Schmerz ist, immer zu meiden (fliehen).

7–8: Cicero in Catilinam:

7–8: Cicero ‹in seiner Rede› gegen Catilina:

7 illa nimis antiqua praetereo; nam notissima sunt. → 75

7 Jene allzu alten Dinge übergehe ich; denn sie sind allseits bekannt.

8 quid te iam in hac urbe delectare potest? in qua nemo est extra istam coniurationem, qui te non metuat?

8 Was kann dich in dieser unserer Stadt noch erfreuen? In der es niemanden außerhalb dieser deiner Verschwörerbande gibt, der dich nicht fürchtet?

*9 Metellus praetor, ubi primum iter eius (= Catilinae) ex perfugis cognovit, castra propere movit ac sub ipsis radicibus (Wurzeln, Fuß) montium consedit, ubi illi descensus (Abstieg) erat.

9 Sobald der Praetor Metellus von Überläufern Catilinas Weg in Erfahrung gebracht hatte, brach er eiligst sein Lager ab und schlug es unmittelbar am Fuß des Gebirges, wo jener herabkommen mußte (wo jenem der Abstieg war), ‹wieder› auf.

50/51 ire – is – iste
Zusammenfassende Übung: Wie lautet die Grundform?

(Achtung: Formen, die auf zwei verschiedene Grundformen zurückgeführt werden können, sind nicht eigens gekennzeichnet.)

i	eam	ire, eo	is/ire, eo
is	eum	is/ire, eo	is
ii	eis	is/ire, eo	is
iis	eos	is	is
isti	eas	iste/ire, eo	is/ire, eo
istis	eo	iste/ire, eo	ire, eo/eo (dorthin)
itis		ire, eo	
ibis		ire, eo	
istos		iste	

51 ira – ire – iterum – iter – ita – itaque – item

īra, īrae *f.*		Zorn
īre, eō, iī, itum		gehen
iterum *Adv.*		wiederum (iterum), wieder, zum zweiten Mal
iter, itineris *n.*		Weg, Marsch, Reise
ita *Adv.*	(. . ., ut . . .)	so (. . ., wie/daß)
itaque *Kjtion.*		(und so →) daher, deshalb
item *Adv.*	(ut/quemadmodum)	ebenso (. . ., wie) (item)

1 orator quidam: haec ita a me dicta sunt, ut brevissime dici potuerunt.	1 Ein Redner (sagte): Diese Dinge sind von mir so kurz wie nur möglich gesagt worden (sind so gesagt worden, wie sie am kürzesten gesagt w. konnten).
2 Cicero Verrem accusat: fecisti item, ut praedones solent.	2 Cicero klagt Verres an: Du hast genauso gehandelt, wie üblicherweise Räuber handeln.
3 pax ita convenerat, ut Etruscis Latinisque fluvius Albula finis esset. → 71	3 Man hatte sich unter der Bedingung auf Frieden geeinigt, daß für Etrusker und Latiner der Fluß Albula die Grenze sei.
4 id, quod iterum atque iterum conatus eris, tandem feliciter perficies.	4 Das, was du immer wieder versuchst, wirst du endlich glücklich zu Ende führen.
5 Christus resurrectus (auferstanden) feminis ait: Ite, nuntiate fratribus meis, ut eant in Galileam; ibi me videbunt.	5 Nach seiner Auferstehung spricht Christus zu den Frauen: Geht und verkündet meinen Brüdern, daß sie nach Galiläa gehen sollen; dort werden sie mich sehen.
6 primo falli incommodum est, iterum stultum, tertio turpe.	6 Sich täuschen zu lassen ist erstens von Nachteil, zweitens dumm, drittens eine Schande.
7 nuntii equus in itinere mortuus est; itaque iter pedibus perrexit. → 72	7 Das Pferd des Kuriers starb unterwegs; deshalb setzte er seinen Weg zu Fuß fort.

52 latus – °lātus – laetus – °latēre

latus, lateris *n.*		Seite, Flanke
lātus, lāta, lātum	*z.B.* via lata	weit, breit
lātus (est), lāta (est), lātum (est)		*PPP* zu ferre: tragen, bringen
laetus, laeta, laetum		fröhlich
latēre, lateō, latuī	*absolut/ m. Ortsangabe*	verborgen sein

*1 verum saepe latet. → 99	1 Die Wahrheit ist oft verborgen.
2 infans a matris latere numquam discessit.	2 Das kleine Kind wich niemals von der Seite seiner Mutter.
3 senator aegrotus lecticā (Sänfte) in Capitolium latus est.	3 Der kranke Senator wurde in einer Sänfte aufs Kapitol getragen.
4 Britanniae unum latus contra Galliam est.	4 Eine Seite von Britannien liegt Gallien gegenüber.
5 olim Romae lex ad coercendam luxuriam mulierum lata est.	5 Einst wurde in Rom ein Gesetz zur Einschränkung des Luxus der Frauen eingebracht.
*6 fossa lata oppido praesidio erat.	6 Ein breiter Graben bot der Stadt Schutz (diente ... zum Schutz).
*7 Etruscorum opes late terra marique patuerunt. → 70	7 Die Macht der Etrusker erstreckte sich weit zu Wasser und zu Lande.

Wie lautet zu den folgenden Formen die Grundform?

latere (!)	latus, *Gen.* lateris/latēre, lateo
lateres	latēre, lateo
lateris	latus, *Gen.* lateris
laetaris △	laetari, laetor (sich freuen)
latis (!)	lātus (*Adj.*)/*PPP* zu ferre, fero

53 levis - lēnis - °lēvis

levis, levis, leve	leicht, geringfügig, leichtsinnig
lēnis, lēnis, lēne	lind, sanft, mild
lēvis, lēvis, lēve	glatt
1 itinere per mare confecto nautae somno leni recreantur. → 51	1 Nach Beendigung ihrer Seereise erholen sich die Seeleute in einem sanften Schlaf.
2 summa aestate vento levi delectamur. → 5	2 Im Hochsommer freuen wir uns an einem leichten Wind.
3 medicus hominem leviter aegrotantem leniter curat.	3 Ein Arzt behandelt einen Menschen, der nur leicht krank ist, mit schwachen Mitteln (milde).
4 inscriptio sepulcralis: SIT TIBI TERRA LEVIS! (sepulcrum: Grab)	4 Grabinschrift: Möge dir die Erde leicht sein!
*5 nonnulli in parva pecunia, quam leves sint, perspiciuntur.	5 Bei einigen ‹Menschen› sieht man ‹erst, wenn sie› in schlechten Vermögensverhältnissen ‹leben›, wie charakterlos sie sind.
*6 corpuscula (kleinste Körper) sunt alia lēvia, alia aspera.	6 Die Kleinstkörper sind teils glatt, teils rauh.

Fortsetzung von **54**

*8 tres adulescentes in Africam legantur, qui senatūs consultum nuntient. (K) → 22	8 Drei junge Leute werden als Gesandte nach Afrika geschickt ‹mit dem Auftrag›, den Senatsbeschluß ‹dort› zu melden. (in Africam)

54 lex - legere - °legare

lēx, lēgis *f.*		Bestimmung, Gesetz
legere, legō, lēgī, lēctum	**1.** *z.B.* fructus **2.** *z.B.* epistulam **3.** *z.B.* milites	1. sammeln, auflesen 2. lesen 3. auslesen, auswählen
legāre, legō, legāvī, legātum	**1.** hominem *(+ Richtungsangabe)*	1. jmdn. als Gesandten (irgendwohin) schicken
	2. rem homini	2. jmdm. etw. testamentarisch hinterlassen

1 multum lege, haud multa! (K)	1 Lies viel, nicht vielerlei! (lege, *Imperativ: einzige Verbform im Satz*)
2 antiquis iam temporibus quaerebatur, qua lege sidera moverentur. (K) → 79	2 Schon im Altertum fragte man sich, nach welchem Gesetz sich die Sterne bewegen. (qua lēge)
3 Lycurgus leges suas auctoritate Apollinis confirmavit. (K)	3 Lykurg sicherte seine Gesetze, indem er sich die Zustimmung Apolls holte (durch den Einfluß Apolls). (leges suas)
4 nonnullae fabulae non dignae sunt, quae iterum legantur. (K) → 51	4 Manche Geschichten sind es nicht wert, ein zweites Mal gelesen zu werden. (fabulae)
5 obtemperare legi debemus. (K)	5 Wir müssen dem Gesetz gehorchen. (obtemperare *verlangt Ergänzung im Dat.!*)
6 discipulus quidam: illum librum, quamquam diligenter legi, non intellexi. (K)	6 Ein Schüler ‹sagt›: Obgleich ich jenes Buch sorgfältig gelesen habe, habe ich es nicht verstanden. (librum)
7 Platonis de re publica libri saepius legi solent quam libri de legibus conscripti. (K) → 55	7 Platons Bücher über den Staat werden im allgemeinen häufiger gelesen als seine Bücher über die Gesetze. (libri; solent *verlangt Inf.-Ergänzung;* de + *Abl.* legibus)

55 liber – līber – līberī – °līberalis – līberare – °lībertus/°lībertīnus – lībertas

liber, librī *m.*		Buch, Schriftstück
līber, lībera, līberum	(re/a re)	frei (von etw.)
līberī, līberōrum *m. Pl.*		Kinder (freigeborene)
līberālis, līberālis, līberāle		eines freien Mannes würdig, vornehm, gütig, freigebig
līberāre, līberō, līberāvī, līberātum	(re/a re)	jmdn. befreien (von etw.)
lībertus, lībertī *m.* **līberta**, lībertae *f.*		Freigelassener } *in bezug auf den* Freigelassene } *ehemal. Besitzer*
lībertīnus, lībertīnī *m.* **lībertīna**, lībertīnae *f.*		Freigelassener } *in bezug auf den* Freigelassene } *sozialen Stand*
lībertās, lībertātis *f.*		Freiheit

Welches Wort paßt jeweils im Satz? (K)

1 multos conscripsit Aristoteles [liberos/libros].	1 libros: Aristoteles hat viele Bücher geschrieben. (conscripsit)
2 debet iudex integro ac [libero/libro] animo iudicare.	2 libero: Ein Richter muß vorurteilsfrei und unabhängig (mit vorurteilsfreiem und unabhängigem Sinn) urteilen. (*Adj.-Att.* zu animo)
3 libertas ipsa populum nimis [liberum/librum] saepe servitute affecit.	3 liberum: Die Freiheit selbst hat schon oft ein Volk, das allzu ungezügelt war, in die Knechtschaft gebracht. (*Adj.-Att.* zu populum)
4 paupertate coacti multi cum coniugibus ac [liberis/libris] e patria emigraverunt.	4 liberis: Von der Armut gezwungen, sind ‹schon› viele mit ihren Frauen und Kindern aus ihrer Heimat ausgewandert. (coniugibus ac liberis)
5 [liberalis/libertus] est, qui amici aes alienum suscipit. (K: *Sinn*)	5 liberalis: Großzügig ist ‹derjenige›, der die Schulden eines Freundes auf sich nimmt.

56 licet - °libet - līberē - °licentia

licet, licuit (*Inf.* licēre)	*absolut*/homini + *Inf./AcI*	es ist erlaubt/möglich (zu .../daß) (man) ..., man kann ...
licet *wie eine Kjtion. gebraucht*	*m. Konj.*	mag auch ..., wenn auch ...
libet, libuit/ libitum est (*Inf.* libēre)	*absolut*/homini + *Inf./AcI*	es beliebt (zu .../daß ...), es gefällt (zu .../daß ...)
libenter *Adv.*		gern
līberē *Adv. zu* līber		frei, offen
licentia, licentiae *f.*	1. *(neutral)* 2. *(negativ)*	1. Freiheit, Erlaubnis 2. Willkür, Frechheit

1 proverbium: plenus venter non studet libenter.	1 Sprichwort: Ein voller Bauch studiert nicht gern.
2 inter amicos libere licet loqui.	2 Unter Freunden darf man offen sprechen.
*3 orator dixit sibi non libere plura verba de illa re facere.	3 Der Redner sagte, er wolle nicht noch mehr Worte über jene Sache verlieren (es beliebe ihm nicht, ... zu machen).
*4 licet ambitio ipsa vitium sit, frequenter tamen causa virtutum est.	4 Mag Ehrgeiz an sich auch ein Fehler sein, so ist er doch häufig die Ursache guter Taten.
*5 nonnullis id potissimum libet, quod non licet.	5 Manchen gefällt besonders das, was nicht erlaubt ist.

Fortsetzung von **55**

6 [liberorum/librorum] hominum alii ingenui, alii libertini erant.	6 liberorum: Von den freien Menschen waren die einen von Geburt frei, die anderen durch Freilassung (Freigelassene). (*Adj.-Attr.* zu hominum)
7 reus omni culpa [liberatus/ libertinus] discessit.	7 liberatus: Der Angeklagte ging fort, freigesprochen von jeder Schuld. (*Abl.* culpa)

57 malus - mālle

malus, mala, malum		schlecht
male *Adv.*		schlecht, übel, schlimm
malum, malī *n.*		Fehler, Übel, Leiden
mālle, mālō, māluī (magis + velle) (*evtl. verstärkt durch* potius)	(quam) *m. Akk./Inf./ AcI/Konj.* [*selten:* rem homini	lieber wollen (als), jmdn./etw. vorziehen, es vorziehen zu (tun), lieber wollen, daß ... jmdm. etw. lieber gönnen]

*** Welches Wort paßt jeweils im Satz? (K)**

1 Cicero de Scipione mortuo: nihil [mali/malui] accidisse Scipioni puto.	1 mali: Cicero ‹sagt› über Scipios Tod (über den toten Sc.): Nichts Schlimmes, so glaube ich, ist Scipio widerfahren. (nihil + *Gen.; Prädikat ist* puto)
2 vetus verbum est: vir sapiens bene mori quam turpiter vivere [male/ mavult]. → 61	2 mavult: Ein altes Wort lautet: Ein weiser Mann will lieber mit Anstand sterben als unehrenhaft leben. (quam)
3 Cato esse quam videri bonus [male/malebat].	3 malebat: Cato wollte ein guter Mensch lieber sein als scheinen. (quam; *sonst kein finites Verb/ Prädikat vorhanden*)
4 nonnullis clementia [mali/malo] est.	4 malo *von* malum: Für manche bedeutet Milde einen Fehler. (est + *doppelter Dativ*)
5 apud Senecam invenimus: [mala/ malo] populus Romanus mortuum Ciceronem quam vivum desideret. → 61	5 malo *von* malle: Bei Seneca finden wir ‹den Ausspruch›: Mir ist es lieber, daß das römische Volk den toten als daß es den lebenden Cicero vermißt. (quam; *Konj.*)
6 nonnulli philosophi antiqui mortem non esse in (gehören zu) [male/malis] dicunt. → 61	6 malis *von* malum: Manche Philosophen des Altertums behaupten, der Tod zähle nicht zu den Übeln. (*Präp.* in)

58 manēre - monēre

manēre, maneō, mānsī, mānsum	**1.** *absolut/ m. Dat.*/(in) re **2.** *m. Akk.* **3.** *z.B.* fatum hominem manet	1. bleiben (bei ...) 2. erwarten 3. jmdn. erwarten, jmdm. bevorstehen
monēre, moneō, monuī, monitum	**1.** hominem de re/*m. AcI* **2.** (hominem) ut/ne/*m. Inf.*/ nd-*Form im AcI*	1. jmdn. an etw. erinnern, jmdn. daran erinnern, daß ... 2. (jmdn.) mahnen zu (tun)/ (jmdn.) warnen zu (tun)

1 mater filiam monet, ut homines ignotos caveat. (K) → 16	1 Die Mutter ermahnt ihre Tochter, sich vor Fremden zu hüten. (ut)
2 mater filiam monet, ne igni ludat. (K)	2 Die Mutter warnt ihre Tochter davor, mit Feuer zu spielen (ermahnt ihre Tochter, nicht mit Feuer zu spielen). (ne)
3 mors mortalia manet. (K) → 61	3 Der Tod steht allem Sterblichen unausweichlich bevor. (mors)
4 in triumpho servus imperatorem victorem de morte monebat. (K)	4 Beim Triumphzug erinnerte ein Sklave den siegreichen Feldherrn an den Tod. (de morte)
5 *auf einer Sonnenuhr:* PRAETEREUNT HORAE, MANENT OPERA. (K) → 66	5 Vorüber gehen die Stunden, bestehen bleiben die Werke. (manent: *absolut gebraucht*)
*6 ratio monet ingenium sine exercitatione non multum iuvare (nützen). (K)	6 Die Vernunft verkündet mahnend, daß Begabung ohne Übung nicht viel nütze. (*AcI*)

59 mens – mensis – °mensa – °mentiri – °metiri

mēns, mentis *f.*		Verstand, Gedanke, Gesinnung, Moral
mēnsis, mēnsis *m.*		Monat
mēnsa, mensae *f.*		Tisch, Essen
mentīrī, mentior, mentītus sum	**1.** (in/de re) **2.** rem de re/ *m. AcI*	1. lügen (in einem Punkt) 2. erdichten (etw. über etw./ daß ...)
mētīrī, mētior, mēnsus sum	**1.** *z.B.* agrum **2.** *z.B.* viam	1. ausmessen, ermessen 2. durchmessen, zurücklegen

1 proverbium: sit mens sana in corpore sano.	1 Sprichwort: Es soll sein ein gesunder Geist in einem gesunden Körper.
2 qui semel mentitus est, ei non creditur ne verum quidem dicenti. (K)	2 Wer einmal gelogen hat, dem glaubt man nicht, nicht einmal dann, wenn er die Wahrheit sagt. (*Gegensatz:* mentitus est – creditur) (*Wortlaut des Sprichworts i. D.?*)
3 quis umquam mensus est magnitudinem animi humani?	3 Wer hat jemals die Größe des menschlichen Geistes ermessen?
*4 verumne est: plures amicos mensa quam mens concipit? (concipere: gewinnen)	4 Ist das wahr: Ein gedeckter Tisch gewinnt mehr Freunde als ein kluger Gedanke (mehr F. gewinnt der Tisch als der Geist)?
*5 lunae cursus (Umläufe), quia spatia mensa *(hier PPP)* conficiunt, menses nominantur. (K)	5 Die Umläufe des Mondes heißen, weil sie genau bemessene (mensa) Bahnen durchlaufen, menses (Monate). (mensa *Attribut zu* spatia)

Gib zu den folgenden Formen die Grundform(en) an:

mensi (!)	menses mentes mentis	mensi: mensis, metiri mensis: metiri, mensis, mensa	mensis mens mens

60 mirus - mirari - minari - minor - minuere

mīrus, mīra, mīrum	1. *(positiv)* 2. *(negativ)*	1. wunderbar 2. sonderbar
mīrum est	*m. AcI/indir. Frage*	es ist verwunderlich, daß/was/wie *etc.*
mīrārī, mīror, mīrātus sum	1. *absolut* 2. *m. Akk.;*	1. sich wundern 2. sich über jmdn./etw. wundern, jmdn./etw. bewundern;
	*m. AcI/*quod	sich (darüber) wundern, daß ...; staunen, daß ...
	3. (miror) si 4. *m. indir. Frage*	3 es sollte mich wundern, wenn 4. sich wundern/sich fragen, was/wo *etc.*
minārī, minor, minātus sum	homini (rem)	jmdm. (mit etw.) drohen, jmdn. bedrohen
minor, minor, minus (*Gen.* minōris)	1. *allgemein* 2. *z. B.* frater minor	1. kleiner, geringer 2. jünger
minuere, minuō, minuī, minūtum	rem	vermindern

1 non omnes eadem mirantur amantque.	1 Nicht alle bewundern und lieben dasselbe.
2 miror, quid abierit. (K)	2 Ich frage mich, weshalb er weggegangen ist. (miror, quid + *Verb: indir. Frage*)
3 Horatius quinque annis minor natu (im Alter/alt) quam Vergilius fuit. (K)	3 Horaz war fünf Jahre jünger als Vergil. (annis minor – quam)
4 Catilinae coniuratione auctoritas senatus minuta est.	4 Durch die Verschwörung des Catilina wurde das Ansehen des Senats geschmälert.
5 Iphigenia in ara posita miro modo a dea servata est. → 83	5 Iphigenie, die auf den Altar gelegt war, wurde auf wunderbare Weise von der Göttin ‹Artemis› gerettet.
6 multis minaris, amice, si uni facis iniuriam. (K)	6 Du drohst vielen, mein Freund, wenn du einem einzigen Unrecht tust. (minaris + *Dat.-Obj.*)

61 mōs – mors – mora – morari – mori – °mortuus – mortalis

mōs, mōris *m.*		Sitte, Brauch; *Pl. auch* Charakter, Gesinnung
mors, mortis *f.*		Tod (mortis)
mora, morae *f.*		Aufschub, Verzögerung
zu mors:		
mortuus, mortua, mortuum		tot
mortālis, mortālis, mortāle	**1.** *(adj.)* **2.** *(subst.)*	1. sterblich 2. Sterblicher, Mensch (↔ Unsterblicher, Gott)
morī, morior, mortuus sum		sterben
zu mora:		
morārī, moror, morātus sum	**1.** *m. Orts-/ Zeitangabe* **2.** *m. Akk.* **3.** *m. Inf.*	1. sich irgendwo/eine Zeit aufhalten 2. jmdn./etw. verzögern, (be)hindern 3. zögern zu (tun)

1 Tacitus ‹scribit›: apud Germanos boni mores plus valent quam alibi bonae leges. → 54	1 Tacitus ‹schreibt›: Bei den Germanen gelten gute Sitten mehr als anderswo gute Gesetze.
2 aestate Romani nobilissimi in montibus Albanis morabantur. (K) → 5	2 Im Sommer pflegten ganz vornehme Römer sich in den Albaner Bergen aufzuhalten. (*Ortsang.* in montibus A.)
3 hieme plures homines moriuntur quam aestate.	3 Im Winter sterben mehr Menschen als im Sommer.
4 quid faciamus, si aliqua res eum impediet atque morabitur? (K)	4 Was sollen wir tun, falls irgendetwas ihn hindert und aufhält? (*i. L. Futur – i. D. Präs.!*) (*Akk.* eum)
5 contra vim mortis non est medicamen in hortis.	5 Gegen die Gewalt des Todes gibt es kein Heilmittel in den Gärten.
6 inscriptio sepulcralis: DE MORTUIS NIL NISI BENE!	6 Grabinschrift: Über Tote ‹rede› nur gut!

62 murus - °mundus - munus - munire - moenia

mūrus, mūrī *m.*		Mauer (murus)
mundus, mundī *m.*		Weltall, Welt
mūnus, mūneris *n.*	**1.** *z. B.* munus explere **2.** *z. B.* munera mittere	1. Verpflichtung, Amt, Leistung 2. Geschenk
mūnīre, mūniō, mūnīvī, mūnītum	rem	befestigen
moenia, moenium *n. Pl.*		Ringmauer, Befestigung, Mauern

1 antiquis temporibus homines oppida, ut tuta essent, moenibus munire solebant.	1 In alter Zeit pflegten die Menschen ihre Städte, damit sie (*d. h.* die Städte) sicher wären, mit Mauern zu befestigen.
2 magistratūs est diligenter munere fungi.	2 Pflicht des Beamten ist es, sorgfältig seine Aufgabe zu erfüllen (sein Amt zu führen).
3 usque ad fines mundi pervenire conantur homines.	3 Bis zu den Grenzen der Welt versuchen Menschen zu gelangen.
4 vinum nominatur munus Liberi dei.	4 Der Wein wird ‚Geschenk des Gottes Liber' (*d. i.* Bacchus) genannt.
*5 vetus verbum est: muros erigunt, mores neglegunt.	5 Ein altes Wort lautet: Mauern errichten sie (*d. h.* die Menschen), die Sitten ‹aber› vernachlässigen sie.

Wie lautet jeweils die Grundform zu den folgenden Formen?

munitus	minoris △	munire	minor
minutus △	muniris	minuere	munire
muneri	minueris △	munus	minuere
muniri		munire	

63 nancisci - nāsci - nātus

nancīscī, nancīscor, nactus/ nanctus sum	*m. Akk.*	(zufällig) erlangen, stoßen auf jmdn./etw.
nāscī, nāscor, nātus sum		geboren werden, entstehen
nātus, nāta, nātum	*z.B.* novem annos	(neun Jahre) alt, im Alter von (neun Jahren)
post Christum nātum		nach Christi Geburt

1 Apollo et Diana in insula Delo nati sunt.	1 Apoll und Diana wurden auf der Insel Delos geboren.
2 sine vitiis nemo nascitur, nemo natus est, nemo nascetur. → 102	2 Ohne Fehler wird niemand geboren, ist niemand geboren worden, wird niemand geboren werden.
3 nactus idoneam ad navigandum tempestatem Caesar naves solvit in Britanniam traiectum (um überzusetzen).	3 Als Caesar einen zum Segeln günstigen Wind bekommen hatte, stach er in See, um nach Britannien überzusetzen.
4 Cato annos quinque et octoginta natus mortem obiit. → 61	4 Cato starb im Alter von fünfundachtzig Jahren.
5 scribam ad te, cum plus otii nactus ero.	5 Ich werde dir schreiben, wenn ich mehr Zeit [erlangt] habe.

Fortsetzung von **64**

6 Petrus Christum ter negavit: non novi hominem illum.	6 Petrus verleugnete Christus dreimal ‹mit folgenden Worten›: Ich kenne jenen Menschen nicht.
7 Christus resurrectus (auferstanden) Mariae ‹dixit›: noli me tangere!	7 Christus ‹sprach› nach seiner Auferstehung zu Maria: Rühre mich nicht an!
8 etsi agnoscere nolis, magna est vis novi testamenti. → 101	8 Auch wenn man es nicht zugeben wollte (du ... nicht wolltest), groß ist die Kraft des Neuen Testamentes.

64 nōs – vōs – noster – vester – °vesper – nolle – novisse

nōs *Nom./Akk.* *Dat./Abl.* nōbīs; *Gen.* nostrum	*(Pers.-Pron.)*	wir, uns
vōs *Nom./Akk.* *Dat./Abl.* vōbīs; *Gen.* vestrum	*(Pers.-Pron.)*	ihr, euch
noster, nostra, nostrum	*(Poss.-Pron.)*	unser
vester, vestra, vestrum	*(Poss.-Pron.)*	euer
vesper, vesperī *m.*		Abend
nōlle, nōlō, nōluī[2]	rem/*m. Inf./AcI*	nicht wollen, nicht (tun) wollen
nōvisse, nōvī (*Perf. zu* nōscere[1])	*m. Akk.*	kennen, wissen
nōtus, nōta, nōtum (*PPP zu* nōscere)		bekannt (→ 65)

[1] *oft in verkürzter Form (ohne das Tempuskennzeichen -vi-/-ve-), z. B.* noram = noveram [2] = non + velle

Dicta e fide Christianorum sumpta:	Sätze aus dem christlichen Glauben:
1 Christiani orant: Pater noster, qui es in caelo, . . .	1 Die Christen beten: Vater unser, der du bist im Himmel, . . .
2 angelus nuntiat: evangelizo (ich verkündige) vobis gaudium magnum, quia natus est vobis hodie Salvator. → 63	2 Ein Engel meldet: Ich verkündige euch große Freude, denn euch ist heute der Heiland geboren (Freude, daß/weil . . .).
3 omnia Domino deo nota sunt.	3 Alle Dinge sind Gott, dem Herrn, bekannt.
4 discipuli: tu, Domine, omnia nosti.	4 Die Jünger (sagen): Du, Herr, kennst alles.
5 vespere facto Christus discipulis dixit: unus vestrum me traditurus est.	5 Als es Abend geworden war, sagte Christus zu seinen Jüngern: Einer von euch hat vor, mich (den Häschern) auszuliefern.

65 noscere – cognoscere – ignoscere – ignorare – °nōtus – novus

nōscere, nōscō, nōvī, nōtum	*m. Akk./AcI*	kennenlernen, erkennen
cōgnōscere, -ō, cōgnōvī, cōgnōtum	*m. Akk./AcI* (re/e re/de re)	kennenlernen, erkennen (an etw.), wahrnehmen
īgnōscere, -ō, īgnōvī, īgnōtum	*m. Dat.* (quod)	verzeihen, (daß ...); Nachsicht üben
īgnōrāre, -ō, īgnōrāvī, īgnōrātum	*m. Akk./AcI/ indir. Frage*	nicht kennen, nicht wissen, nicht kennen wollen, daß/ob/was *etc.*
nōn īgnōrāre		sehr wohl wissen
nōtus, nōta, nōtum (*PPP zu* nōscere)	1. *(neutral)* 2. *(negativ)*	1. bekannt 2. berüchtigt
novus, nova, novum		neu
agmen novissimum		die Nachhut

1 nosce te ipsum!	1 Erkenne dich selbst!
2 ignosce etiam inimico!	2 Verzeih auch einem Feind!
3 aetas equorum e dentibus cognoscitur.	3 Das Alter von Pferden erkennt man an ihren Zähnen.
4 vita Sullae omnibus notissima est.	4 Sullas Leben ist allen bestens bekannt.
5 milites Caesaris Vercingetorigis agmen novissimum adorti multos necaverunt.	5 Caesars Soldaten griffen die Nachhut des Vercingetorix an und erschlugen viele <Feinde>.
6 Clodia erat mulier non solum nobilis, sed etiam nota.	6 Clodia war eine nicht allein adlige, sondern auch stadtbekannte (berüchtigte) Frau.
7 non ignoro, quanta mala ex discordia oriri consueverint.	7 Ich weiß sehr genau, welch große Übel aus Zwietracht zu entstehen pflegen.

66 ops – opes – opus – opera

ops, opis *f.*	**1.** *z.B.* omni ope **2.** *z.B.* opem ferre	1. Macht, Anstrengung 2. Hilfe
opēs, opum *f. Pl.*		Reichtum, Streitkräfte, politische Machtstellung
in|ops *Adj.* *Gen.* inopis		mittellos, arm
opus, operis *n.*		Arbeit, Mühe, Werk
opus est	(homini) re/ *m. Inf./AcI*	etw. ist nötig (für jmdn.), es ist nötig zu (tun)/daß (jmd.)
opera, operae *f.*		Arbeit, Mühe
operam dare	*m. Dat.*/ut/ne	sich mit etw. beschäftigen, sich Mühe geben, zu/nicht zu (tun)

1 Persae opes Graecorum non fregerunt.	1 Die Perser konnten die politische Macht der Griechen nicht brechen.
2 ad vivendum nobis opus est aqua.	2 Zum Leben haben wir Wasser nötig.
3 aquae ductūs (Aquädukte) sunt praeclara opera architecturae Romanae.	3 Die Aquädukte sind berühmte Werke römischer Architektur.
4 parentes omnem curam atque operam in liberis educandis ponunt.	4 Die Eltern richten alle ihre Sorge und Mühe auf die Erziehung ihrer Kinder.
5 operae pretium est discere linguam Latinam. → 32	5 Es lohnt sich (es ist der Mühe wert), Latein zu lernen.
6 pro libertate omnes fere gentes summa ope nituntur. → 39	6 Für die Freiheit kämpfen fast alle Völker mit höchster Anstrengung.
7 amicus ab amico opem petit. → 72	7 Ein Freund erbittet vom andern Hilfe.
*8 operam dabo, ut opus illud sine ope aliqua conficiam.	8 Ich werde mich bemühen, jenes Werk ohne jede (ohne irgendeine) Hilfe fertig zu bringen.
9 inops est inter magnas opes, qui amicis caret.	9 Arm ist mitten in großem Reichtum, wer keine Freunde hat.

67 ōs - ora - orare - oriri - °os

ōs, ōris *n.*		Mund, Gesicht
ōra, ōrae *f.*		Küste
ōrāre, ōrō, ōrāvī, ōrātum	rem/ut	(feierlich) reden, bitten um etw./ darum, daß ...; etw. erbitten
orīrī, orior, ortus sum	**1.** *absolut* **2.** ab/ex homine/re	1. sich erheben 2. entstehen aus
os, ossis *n.*		Knochen, Gebein

1 Ostia prope oram maritimam sita est. (K)	1 Ostia ist nahe an der Meeresküste gelegen. (*Attribut:* maritimam)
2 *Wahlspruch der Benediktiner:* ora et labora! (K)	2 Bete und arbeite! (*Imperativ:* ora et labora!)
3 oro te, amice, ut cras ad me venias. (K)	3 Ich bitte dich, Freund, darum, daß du morgen zu mir kommst. (*ut-Satz*)
4 in ore atque oculis matrum infantes Herodis iussu interfecti sunt. (K)	4 Im Angesicht und vor den Augen ihrer Mütter wurden die kleinen Kinder auf Geheiß des Herodes getötet. (*Verbindung:* in ore atque oculis)
5 plerique Belgae orti sunt a Germanis. (K)	5 Die meisten Belger stammten von den Germanen ab. (*Präp.* a)
*6 ex oriente lux.	6 Aus dem Osten (kommt) das Licht.

Wie lautet jeweils die Grundform zu den folgenden Formen?

ora (!)	1. ora, 2. orare, oro	ornabam	ornare, orno
		orae	ora
oro	orare, oro	oris (!)	1. ora, 2. os
oras (!)	1. ora, 2. orare, oro	ore	os
		oriar	oriri, orior
oram	ora		
orabam	orare, oro		

68 pār – pars – partim – parum – parvus

pār *Gen.* pāris	**1.** homini (in) re **2.** *selten:* homini re	1. gleich, angemessen 2. gleich stark wie jmd., jmdm. gewachsen in etw.
pars, partis *f.*		Teil, Seite
magna ex parte		großenteils
omnibus (in) partibus		in allen Teilen, in jeder Hinsicht
partim *Adv.*		zum Teil, teils
parum *Adv.*		zu wenig
parvus, parva, parvum		klein, gering

1 Stoici virum sapientem omnibus partibus beatum esse dicunt.	1 Die Stoiker behaupten, der ‹wahrhaft› weise Mann sei in jeder Hinsicht glücklich.
2 vetus verbum est: pares cum paribus facillime congregantur (vereinen sich). *(Sprichwort i. D.?)* → 38	2 Ein altes Sprichwort lautet: Gleiche vereinen sich sehr leicht mit Gleichen. (*Sprichwort i. D.:* Gleich und gleich gesellt sich gern.)
3 fines Belgarum pertinent ad inferiorem partem fluminis Rheni.	3 Das Gebiet der Belger erstreckt sich (reicht) bis zum unteren Teil des Rheins.
4 magna ex parte verbis tuis assentior (stimme zu).	4 Zum großen Teil stimme ich deinen Worten zu.
5 Sallustius in Catilina satis eloquentiae, sapientiae parum invenit. → 49	5 Sallust fand an Catilina genügend Beredsamkeit, ‹aber› zu wenig Weisheit.
6 concordiā parvae res publicae crescunt, discordiā maximae dilabuntur (dilabi *Dep.:* zerfallen).	6 Durch Eintracht wachsen kleine Staaten, durch Zwietracht gehen ‹sogar› sehr große zugrunde.
7 partim me amici deseruerunt, partim prodiderunt.	7 Meine Freunde haben mich teils verlassen, teils verraten.

69 parare – pārēre – parere – parcere

parāre, parō, parāvī, parātum	*m. Akk.*	jmdn./etw. (vor-)bereiten, (sich) etw. verschaffen
pārēre, pāreō, pāruī	*absolut*/homini	(jmdm.) gehorchen
parere, pariō, peperī, partum	*m. Akk.*	jmdn./etw. hervorbringen, gebären, gewinnen
parcere, parcō, pepercī	*m. Dat.*	jmdn./etw. schonen, sparen

1 Alexander sibi maximam peperit gloriam.	1 Alexander hat sich größten Ruhm erworben.
2 Achilles Hectori victo non pepercit.	2 Achill schonte den besiegten Hektor nicht.
3 lex erat, ut reliqui magistratus consuli parerent excepto tribuno.	3 Es gab ein Gesetz, daß die übrigen Beamten dem Konsul zu gehorchen hatten mit Ausnahme des Tribunen.
4 aediles (die Ädilen) in ludis (ap)parandis sumptui non parcebant.	4 Die Ädilen sparten bei der Vorbereitung der Spiele keine Kosten.
5 dominus imperat, ut res ad iter necessariae parentur; parent servi parantque omnia.	5 Der Herr befiehlt, die zur Reise notwendigen Dinge vorzubereiten; die Sklaven gehorchen und bereiten alles vor.

Lösungen zu **70**

petit victoriam: er strebt nach dem Sieg
petit urbem: er eilt in die Stadt
petit auxilium: er erbittet Hilfe
petit pacem: er sucht Frieden

patet spatium: ein <freier> Raum erstreckt sich
patet porta: das Tor steht offen
patitur iniurias belli: er erleidet die Ungerechtigkeit des Kriegs
patitur morbum: er erträgt die Krankheit

70 pati – patēre – petere

patī, patior, passus sum	**1.** rem **2.** *m. AcI*	1. etw. leiden, erleiden 2. zulassen daß ...
patēre, pateō, patuī		offenstehen, sich erstrecken
petere, petō, petīvī, petītum	**1.** ab homine rem/ut **2.** *z.B.* locum **3.** hominem/rem re	1. von jmdm. etw. erstreben, erbitten; jmdn. bitten, zu (tun)/daß 2. aufsuchen, hineilen zu 3. auf jmdn./etw. mit etw. losgehen; bedrohen, angreifen

1 Athenienses a Lacedaemoniis auxilium contra Persas petiverunt.	1 Die Athener baten die Spartaner um Hilfe gegen die Perser.
2 Graeci Troiam etiam fraude atque insidiis petebant.	2 Die Griechen griffen Troja auch mit Betrug und Hinterlist an.
3 Cicero ‹dicit›: aliae nationes servitutem patiantur, populi Romani propria est libertas. → 77	3 Cicero ‹sagt›: Mögen ‹auch› andere Nationen (die) Knechtschaft ertragen, dem römischen Volk wesensgemäß ist die Freiheit.
*4 △ Cleanthes philosophus solem dominari et rerum potiri putabat. → 90	4 Der Philosoph Kleanthes glaubte, die Sonne gebiete und sei Herr über die Welt.
5 certa amittimus, dum incerta petimus.	5 Wir verlieren Sicheres, während wir nach Unsicherem suchen.
6 temporibus antiquis Etruscorum opes late terra marique patuerunt. → 66	6 Im Altertum erstreckte sich die Macht der Etrusker weit zu Wasser und zu Land.

*** Stelle durch Zuordnung sinnvolle Wortverbindungen her und übersetze.**

petit – patet – patitur (mehrfach zu verwenden)

victoriam	morbum
iniuriae belli	auxilium
spatium	porta
urbem	pacem

Lösungen: s. S. 80 unten

71 pāx – °pācāre – placēre – °plācāre – °placidus

pāx, pācis *f.*		Friede
pācāre, pācō, pācāvī, pācātum	*m. Akk.*	jmdn./etw. befrieden, unterwerfen
placēre, placeō, placuī, placitum	homini	jmdm. gefallen
senatui placet	ut/*m. AcI*	der Senat beschließt zu (tun)/ daß … soll
plācāre, plācō, plācāvī, plācātum		glätten, besänftigen
placidus, placida, placidum		ruhig

1 mortui requiescant in pace. → 61	1 Die Toten sollen in Frieden ruhen.
*2 homines iram deorum donis placabant.	2 Die Menschen versuchten *(Imperf.!)*, den Zorn der Götter durch Geschenke zu besänftigen.
3 Caesar omnem Galliam pacare contendebat.	3 Caesar strengte sich an, ganz Gallien zu unterwerfen.
4 senatui placuit mulieres ante horam quintam non venire in theatrum.	4 Der Senat beschloß, daß Frauen nicht vor der fünften Stunde ins Theater kommen ‹durften›.
5 nautae in portu mare placidum exspectaverunt.	5 Die Seeleute warteten im Hafen auf ruhige See.

Wie lautet die Grundform zu den folgenden Formen?

pacem (!)	partis	places (!)
	pacum	
pacas	parium △	placas
pacis	partium	placeas
paris	parvum	

1. pax	pars	1. placere
2. pacare	pax	2. placare
pacare	par	placare
pax	pars	placere
par	parvus	

Fortsetzung von 72

Gib zu den folgenden Formen jeweils die Grundform an.

perit	perficit	perire	perficere
pergit	perditi	pergere	perdere
perdit	periit	perdere	perire

72 perdere – pergere – perire – perferre – perficere

per|dere, per|dō, per|didī, per|ditum	**1.** *z.B.* civitatem **2.** *z.B.* tempus **3.** *z.B.* spem	1. zugrunde richten (Sache) 2. vergeuden 3. verlieren
perditus, -a, -um		verloren, verrucht, verdorben
pergere, pergō, per|rēxī, per|rēctum	**1.** *z.B.* iter **2.** *absolut/ m. Inf.*	1. fortsetzen 2. sich aufmachen, fortfahren (etw. zu tun)
per|īre, per|eō, per|iī, per|itum		zugrunde gehen [illegible]
per|ferre, per|ferō, per|tulī, per|lātum	**1.** rem/*m. AcI* ad hominem **2.** *z.B.* mandata **3.** *z.B.* cruciatūs	1. (jmdm. etw./die Nachricht, daß ...) überbringen 2. (z. Aufträge) durchführen 3. ertragen
per|ficere, -iō, per|fēcī, per|fectum	*z.B.* opus	vollenden, ausführen

1 quod cito fit, cito perit. *(Sprichwort i. D.?)*	1 Was schnell entsteht, vergeht (auch wieder) schnell. (*Sprichwort i. D.*: Wie gewonnen, so zerronnen.)
2 perdit dona maiora, qui spernit minora. (spernere: verachten)	2 Größere Geschenke verliert, wer kleinere verschmäht.
3 homines perditi pecuniam mihi ademerunt.	3 Verdorbene Kerle haben mir (mein) Geld abgenommen.
4 Ulixes omnes cāsūs patienter pertulit. → 17	4 Odysseus ertrug geduldig alle Schicksalsschläge.
5 explorator ad imperatorem pertulit hostes iter pergere castrisque Romanorum appropinquare. (K) → 51	5 Ein Kundschafter überbrachte dem Feldherrn die Nachricht, die Feinde setzten ihren Marsch fort und näherten sich dem Lager der Römer. (perferre *m. AcI*, pergere iter)
6 nihil est simul et inventum et perfectum. *(Redensart i. D.?)* → 49	6 Nichts ist zugleich sowohl erfunden als auch vollendet. (*Redensart i. D.*: Es ist noch kein Meister vom Himmel gefallen.)

73 praemium - pretium - praeda

praemium, praemiī *n.* — Vorteil, Belohnung

pretium, pretiī *n.* — Preis, Lohn, Zahlung

praeda, praedae *f.* — Beute

Welches Wort paßt jeweils?

1 post victoriam exercitus [praeda/pretio] spoliisque belli ornatus triumphum egit. → 34

1 praeda: Nach dem Sieg feierte das Heer, mit Kriegsbeute (praeda spoliisque!) beladen, einen Triumph.

2 senatus Romanus [praemium/pretium] frumenti minuit. → 60

2 pretium: Der römische Senat senkte den Getreidepreis.

3 [praemium/pretium] propositum est eis, qui nefarios indicavissent.

3 praemium: Eine Belohnung wurde für diejenigen ausgesetzt, die Verbrecher anzeigten.

4 non licet iudicem [praeda/pretio] corrumpi. → 56

4 pretio: Ein Richter darf sich nicht durch (Geld-)Zahlung bestechen lassen.

Fortsetzung von **74**

6 Catilina in proelio ultimo non modo officium imperatoris, sed etiam militis praestitit. (K)

6 Catilina erfüllte in seinem letzten Gefecht nicht nur die Pflicht‹en› eines Oberbefehlshabers, sondern auch ‹die› eines ‹einfachen› Soldaten. (officium)

*7 equi multis animalibus celeritate praestant. (K)

7 Pferde übertreffen viele Lebewesen an Schnelligkeit. (*Dat.* animalibus + *Abl.* celeritate)

*8 Demosthenes orator se acerrimum communis libertatis propugnatorem (Vorkämpfer) praestitit. (K)

8 Der Redner Demosthenes erwies sich als äußerst energischer Vorkämpfer der gemeinsamen Sache der Freiheit (*gemeint ist: der Freiheit aller griechischen Staaten*). (se prop.)

74 praestare – praestans – praeesse – praesens – praebēre

praestāre, praestō, praestitī	**1.** *m. Akk.* **2.** *z.B.* munus **3.** homini *z.B.* fortitudine	1. für jmdn./etw. einstehen 2. leisten 3. jmdn. in etw. übertreffen
sē praestāre	*z.B.* fidum	sich (treu) zeigen, sich als (t.) erweisen
praestat	*m. Inf./AcI* (quam)	es ist besser, zu . . ./daß . . . (als zu . . ./als daß . . .)
praestāns, *Gen.* praestantis		vorzüglich, ausgezeichnet
praeesse, praesum, praefuī	*m. Dat.*	jmdm./einer Sache vorstehen, jmdn./etw. leiten
praesēns, *Gen.* praesentis		anwesend, gegenwärtig
praebēre, praebeō, praebuī	homini rem	jmdm. etw. hinhalten, reichen, gewähren
sē praebēre	*z.B.* improbum	sich (unredlich) zeigen, sich als (unr.) erweisen

1 praestat amari quam timeri. (K)	1 Es ist besser, geliebt als gefürchtet zu werden. (*Inf.*; quam)
2 Dionysius tyrannus in rebus secundis superbum se praebuit. (K)	2 Der Tyrann Dionysius erwies sich im Glück als überheblich. (se superbum)
3 Verres proconsul provinciae Siciliae praefuit.	3 Verres stand als Prokonsul an der Spitze der Provinz Sizilien.
4 praesente me aliter esses locutus.	4 In meiner Anwesenheit hättest du anders geredet!
5 quid est praestantius quam amicus fidus?	5 Was geht über einen treuen Freund (ist hervorragender als . . .)?

75 praeter – praetereā – praeterīre – praetor

praeter *Präp.*	*m. Akk.* **1.** *(allgemein)* **2.** *m. Verb der Bewegung*	1. neben, außer, ausgenommen 2. vorbei an, (vorüber)
praetereā *Adv.*		außerdem
praeter|īre, praeter|eō, praeter|iī, praeter|itum	*absolut/* *m. Akk.*	vorübergehen, an jmdm./etw. vorbeigehen, jmdn./etw. übergehen
praetor, praetōris *m.*		Prätor

1 imbribus permagnis flumina saepe praeter modum crescunt. (imber: Regenguß)	1 Durch außergewöhnlich starke Regenfälle schwellen Flüsse oft über ihr normales Maß an.
2 ne praetereas miseros!	2 Geh an Menschen, die sich im Elend befinden, nicht (achtlos) vorbei!
3 hostes copias suas praeter Caesaris castra traduxerunt.	3 Die Feinde führten ihre Truppen an Caesars Lager vorbei.
4 praetor ‹dicit›: res nimis antiquas nunc praetereo, quia notae sunt; praeterea tempus est discedendi. → 32	4 Der Prätor ‹sagt›: Die allzu alten Dinge übergehe ich jetzt, weil sie bekannt sind; außerdem ist es Zeit auseinanderzugehen.
5 morbum gravem nemo praeter medicum curet!	5 Eine schwere Krankheit soll niemand außer dem Arzt behandeln.
*6 praeter omnium expectationem Hannibal Alpes cum elephantis transgressus est.	6 Entgegen der Erwartung aller zog Hannibal mit Elefanten über die Alpen.
*7 Anonymus: ọ mihi prạeteritọs referạt si (= utinam) Iụppiter ạnnos!	7 Anonymus: O brächte mir Juppiter die verflossenen Jahre zurück!

76 preces – praeceps – praeceptum – prīncipium – prīnceps

precēs, precum *f. Pl.*		Bitten
praeceps, *Gen.* praecipitis		kopfüber, steil
praeceptum, praeceptī *n.*		Vorschrift, Lehre
prīncipium, prīncipiī *n.*		Anfang
prīnceps,	**1.** *(adj.)*	1. erster, vornehmster
Gen. prīncipis	**2.** *(subst.)*	2. Anführer, Herrscher

1 omnibus precibus socii petīverunt, ut Caesar auxilio succurreret. → 70	1 Mit allen Bitten bedrängten (baten) die Bundesgenossen Caesar, ‹ihnen› zu Hilfe zu kommen.
2 . . . sicut erat in principio et nunc et semper.	2 . . . wie es im Anfang war, jetzt und immer.
3 Romae nefarii praecipites de saxo Tarpeio deiciebantur.	3 In Rom wurden Verbrecher kopfüber vom Tarpejischen Felsen gestürzt.
4 Ciceronis filius Athenis praecepta philosophiae didīcit. → 32	4 Ciceros Sohn lernte in Athen die Lehren der Philosophie.
*5 omnium nationum exterarum princeps Sicilia se ad amicitiam populi Romani contulit.	5 Als erste aller ausländischen Nationen wandte sich Sizilien der Freundschaft mit dem römischen Volk zu.

Fortsetzung von **75**

Setze den passenden Vokal ein (e/o) und nenne die Grundform!

praet_res	praetores: zu praetor
praet_ris (!)	praetoris/praeteris: zu praetor/praeterire
praet_reo	praetereo: zu praeterire
praet_rea	praeterea, praeterea
praet_reas	praetereas: zu praeterire
praet_ribis	praeteribis: zu praeterire
praet_ribus	praetoribus: zu praetor

77 probare – °probus – propior – proprius

probāre, probō, probāvī, probātum	**1.** *z.B.* argentum **2.** *z.B.* mores re/ ab re/ex re **3.** *z. B.* opus **4.** *z. B.* causam	1. prüfen 2. jmdn./etw. beurteilen nach etw. 3. billigen, anerkennen 4. nachweisen, plausibel machen
probus, proba, probum		tüchtig, rechtschaffen
propior, propior, propius (*Gen.* propiōris)		näher, der/die/das nähere
proximus, proxima, proximum		nächster, der/die/das nächste
proprius, propria, proprium	**1.** *z.B.* domus **2.** *z.B.* artis	1. eigen (↔ communis) 2. eigentümlich, charakteristisch für jmdn./etw.

1 aurum per ignem probatur.	1 Gold wird durch Feuer geprüft.
2 tunica propior est pallio (pallium: Mantel). *(Sprichwort i. D.?)*	2 Die Tunika ist näher als der Mantel. (*Spr. i. D.:* Das Hemd ist mir näher als der Rock.)
3 et monere et moneri proprium est verae amicitiae.	3 Sowohl zu ermahnen als auch sich ermahnen zu lassen ist kennzeichnend für eine wahre Freundschaft.
4 consilium tuum laudo vehementer et probo.	4 Deinen Plan lobe ich nachdrücklich und billige ⟨ihn⟩.
5 cives rem publicam commendent viro perito proboque!	5 Die Bürger sollen den Staat einem erfahrenen und tüchtigen Mann anvertrauen.
*6 qui omnia communia esse volunt, nullam rem propriam dicere debent.	6 Diejenigen, die wollen, daß alles gemeinsam ist, dürfen keine Sache als Eigentum bezeichnen.
*7 miles non solum a viribus probatur, sed etiam a moribus fortunaque. → 101	7 Ein Soldat wird nicht nur nach seinen Kräften beurteilt, sondern auch nach seinem Charakter und seinem Glück.

78 prodere – prodesse – °proficere – proficisci – profecto

prōdere, prōdō, prōdidī, prōditum	*m. Akk.* 1. *(neutral)* 2. *(negativ)*	 1. etw. hervorbringen, mitteilen 2. jmdn./etw. verraten
prō|d|esse, prō|sum, prō|fuī	*m. Dat.*	jmdm./einer Sache nützen
prōficere, -iō, prōfēcī, prōfectum	1. rem/in re 2. ad rem	1. vorwärtskommen mit etw./in etw. 2. förderlich sein zu etw.
proficīscī, -ōr, profectus sum	(a + *Abl./m. Richtungsangabe)*	sich aufmachen, aufbrechen, (los-)marschieren
profectō *Adv.*		in der Tat, sicherlich

1 noli quemquam prodere, ne quando ipse prodaris! (K)	1 Verrate niemanden, damit du nicht einmal selbst verraten wirst! (*Akk.* quemquam; *Passiv* prodaris)
2 semper amico prodes! proderit tibi item. (K) → 50	2 Sei ⟨deinem⟩ Freund immer nützlich! Er wird dir ebenso nützen. (*Dat.* amico, tibi)
3 Hannibalis res gestas multi scriptores memoriae prodiderunt. (K)	3 Hannibals Taten haben viele Schriftsteller (der Nachwelt) überliefert. (*Akk.* res gestas)
4 Alcibiades cum magna classe Atheniensium in Siciliam profectus est. (K)	4 Alkibiades zog mit einer großen Flotte der Athener nach Sizilien. (*Richtungsangabe:* in S.)
*5 Cicero ⟨dicit⟩: si modo in philosophia aliquid profecimus, contenti sumus. (K)	5 Cicero ⟨sagt⟩: Wenn ich nur in der Philosophie irgend einen Fortschritt gemacht habe, bin ich zufrieden. (in philosophia)

Wie lautet zu den folgenden Formen jeweils die Grundform?

possumus △	profecto(!)	posse	1. profecto
prosumus		prodesse, prosum	2. proficisci
prodet		prodere	3. proficere
prodit		prodere	

79 quaerere – queri – °quaestus – °questus

quaerere, quaerō, quaesīvī, quaesītum	**1.** rem	1. etw. zu gewinnen suchen, etw. zu erfahren suchen
	2. ex/ab/de homine rem/ *m. indir. Frage*	2. von jmdm. etw. erfragen, jmdn. fragen nach etw./ob ...
querī, queror, questus sum	*m. Akk./AcI/* quod/de re	etw. beklagen, über etw. klagen, sich darüber beklagen, daß ...
zu quaerere: **quaestus,** quaestūs *m.*		Gewinn, Erwerb, Gewerbe
zu queri: questus, questūs *m.*		Klage

Welches Wort paßt jeweils in dem Satz?

1 nemo nisi stultus [quaeritur/queritur] de rebus adversis, quarum ipse auctor est. (K)	1 queritur: Nur ein Tor beklagt sich über das Unglück, dessen Urheber er selbst ist. (de rebus adversis)
2 cur imperium Persarum celeriter conciderit, [quaeritur/queritur]. (K)	2 quaeritur: Warum die Herrschaft der Perser schnell zusammengebrochen ist, wird gefragt. (cur; *indirekte Frage*)
3 omnes fere homines ad suum [quaestum/quaesitum] callidi sunt.	3 quaestum: Fast alle Menschen sind schlau, wenn es um ihren eigenen Gewinn geht (schlau auf ihren G. hin).
4 incolae Siciliae Romae [quaesiti/questi] sunt de iniuriis Verris proconsulis. (K)	4 questi: Die Einwohner Siziliens beklagten sich in Rom über die Ungerechtigkeiten des Prokonsuls Verres. (de iniuriis)
5 dei Aeneam de calamitate [quaesitum/quaestum/questum] nova spe confirmaverunt. (K)	5 questum: Die Götter stärkten Aeneas, der sich über sein Unglück beklagte, mit neuer Hoffnung. (de calamitate)

80 quando – quantus – quoniam – quondam

quando *Adv.* *(fragend/rel.)* **si quando**	wann; (dann,) wenn wenn einmal
quantus *Pron.* *(fragend/rel.)* quanta, quantum	wie groß; (so groß,) wie
quanto + *Komparativ* **. . . tanto** + *Komparativ*	je desto
quoniam *Kjtion.*	da ja
quondam *Adv.*	einst, dereinst

*** Setze quando/quanto/quoniam/quondam einmal oder mehrfach ein, so daß sinnvolle Sätze entstehen, und übersetze diese. (K)**

1 paupertate ______ contentus eras, nunc luxuriam petis.	1 quondam: Früher warst du mit deiner Armut zufrieden, jetzt strebst du nach Luxus. (quando – nunc)
2 dux militibus: vestrae vitae prospiciam, ______ me una vobiscum servare non possum.	2 quoniam: Ein Feldherr zu seinen Soldaten: Ich will mich um euer (Über-)Leben kümmern, da ich mich nicht zusammen mit euch retten kann. (*Nebensatz-Einleitung erforderlich, kein Hinweis auf quando?*)
3 pauci ignorabant, ______ in periculo sua suorumque vita esset.	3 quanto: Einige wenige wußten nicht, in wie großer Gefahr ihr Leben und das ihrer Angehörigen (der Ihren) schwebte. (quanto in periculo: *indir. Frage [Konjunktiv]*)
4 incertum est, ______ bellum Troianum gestum sit.	4 quando: Es ist unsicher, wann der Trojanische Krieg geführt worden ist. (*indir. Frage [Konjunktiv]*)
5 ______ cuiusque (jeder einzelne) praeclarior vita est, tanto plures sunt inimici.	5 quanto: Je berühmter das Leben eines jeden einzelnen (Menschen) ist, desto zahlreicher sind seine Feinde. (quanto – tanto + *Komparativ*)

81 quō – quod – quot

quō *Adv. (fragend/rel.)*	wohin, (dorthin,) wo
zu quo, *Abl. Sg. des Rel.-Pron.:* **quō** + *Konj.* (= ut eō) + *Komparativ* + *Konj.*	 damit dadurch damit desto
quō + *Komparativ* . . . **eō** + *Komparativ*	je . . . desto
(id,) **quod** *Rel.-Pron. n. Sg.*	(das,) was
(propterea,) **quod** *Kjtion. m. Ind./Konj.*	weil
non est, quod + *Konj.*	*eß.* es gibt keinen Grund, zu . . .
quod *(am Satzanfang), als Bezugspunkt für den Hauptsatz (sog. faktisches* quod*) m. Ind.*	(Was das betrifft,) daß . . . ; Wenn . . .
quot *Pron. (fragend/rel.) (nicht deklinierbar)* **tot – quot**	wie viele?, wieviele, (so viele,) wie soviele . . ., wie(viele) . . .

*** Welches Wort paßt jeweils im Satz? (K)**

1 vetus verbum est: [quod/quot] capita, tot sententiae.	1 quot: Es gibt eine alte Redewendung: Wieviele Köpfe, soviele Meinungen. (quot – tot)
2 nescio, [quo/quod] me vertam.	2 quo: Ich weiß nicht, wohin ich mich wenden soll. *(indir. Frage nach* nescio*)*
3 [quo/quod] quid rarius est, eo pluris aestimatur. (rarus: selten)	3 quo: Je seltener etwas ist, desto mehr wird es geschätzt. (quo – eo + *Komparativ*)
4 hoc unum in Alexandro vituperatur, [quod/quot] iracundus fuit.	4 quod: Dieses eine wird an Alexander getadelt, daß er jähzornig war. (hoc – quod)
5 non est, [quod/quot] divitibus invideas. → 31	5 quod: Es gibt keinen Grund, die Reichen zu beneiden. (non est, quod *in enger Verbindung*)
6 lex oportet brevis sit, [quo/quod] facilius ab omnibus teneatur.	6 quo: Ein Gesetz muß kurz sein, damit es um so leichter verstanden wird. (*Komparativ* facilius; *Konjunktiv* teneatur)

82 regere – rēx – rēgnum – °rēgnare – rēgius – regio – rēs – reus

regere, regō, rēxī, rēctum	*m. Akk.*	(aus)richten, lenken, regieren
rēx, rēgis *m.*		König
rēgnum, rēgnī *n.*		Regierung, Königreich
rēgnāre, rēgnō, rēgnāvī, rēgnātum	*absolut*	König sein, herrschen
rēgius, rēgia, rēgium		königlich
regiō, regiōnis *f.*		Richtung, Gegend, Region
rēs, rei *f.*		Sache, Angelegenheit
reus, reī *m.*		Beschuldigter, Angeklagter

1 regia res est succurrere miseris.	1 Eine königliche Sache ist es, Armen zu Hilfe zu kommen.
2 quae est regio mundi, quae non incolatur ab hominibus?	2 Welchen Landstrich auf der Erde (Welt) gibt es, der nicht von Menschen bewohnt wird?
3 nemo regere potest, nisi qui etiam regi (potest).	3 Niemand kann regieren, wenn er sich nicht auch regieren lassen kann.
4 regi date, quod est regis!	4 Gebt dem König, was dem König gehört!
*5 Cicero ‹dicit›: reos appello non eos modo, qui arguuntur, sed omnes, quorum de re disceptatur (disceptare: verhandeln).	5 „rei" nenne ich nicht nur diejenigen, die angeklagt werden, sondern alle, deren Streitsache verhandelt wird.

Gib zu den folgenden Formen jeweils die Grundform an.

rege (!)	rem	1. rex (rēge)	res
	regem	2. regere (rege)	rex
regi (!)	regam	1. rex (rēgi)	regere
	regum	2. regere (regi)	rex
rei (!)	reum	1. res	reus
	rerum	2. reus	res
reis	regna (!)	reus	regnare (regnō)
reos		reus	regnum (regna)
rebus	regina △	res	regina

83 servare – servus – servire – servitūs – sevērus

servāre, servō, servāvī, servātum	**1.** *z.B.* solem **2.** *z.B.* argentum **3.** *z.B.* puerum ex igne	1. beobachten 2. schützen, bewahren 3. erretten
servus, servī *m.* **serva,** servae *f.*		Sklave Sklavin
servīre, serviō, servīvī, servītum	*absolut/m. Dat.*	dienen
servitūs, servitūtis *f.*		Sklaverei
sevērus, sevēra, sevērum		ernst, streng

1 naves e tempestate marique servatae sunt.	1 Die Schiffe wurden aus Sturm und hoher See gerettet.
2 Ulixes contumelias servorum servarumque pertulit. (contumelia: Schmähung)	2 Odysseus ertrug Schmähungen von Dienern und Dienerinnen.
3 Palinurus Graecus, dum sidera servat, e nave in mare cecidit. (sidera: die Sterne)	3 Der Grieche Palinurus fiel, während er die Gestirne beobachtete, vom Schiff ins Meer.
4 is, qui imperat aliis, serviat ipse nulli cupiditati.	4 Wer anderen befiehlt, soll selbst keiner Begierde dienen.
*5 apud Romanos nonnulli per totam vitam servitutem serviebant.	5 Bei den Römern lebten manche ein ganzes Leben lang in Knechtschaft.
*6 non potest severus esse in iudicando, qui alios in se severos iudices esse non vult.	6 Beim Urteilen kann der nicht streng sein, der nicht will, daß andere ihm gegenüber strenge Richter sind.

84 (°sīdere) – sedēre – consīdere – °obsīdere/obsidēre – °possīdere/possidēre – °sidus

sīdere, sīdō, sēdī, sessum	*absolut/ m. Ortsangabe*	sich setzen (= *Auslösen der Handlung*)
sedēre, sedeō, sēdī, sessum	*absolut/ m. Ortsangabe*	sitzen (= *Ergebnis der Handlung, andauernd*)
cōn|sīdere, -ō, cōn|sēdī, cōn|sessum	*absolut/ m. Ortsangabe*	sich niederlassen, sich setzen (= *Auslösen der Handlung*)
ob|sīdere, -ō, ob|sēdī, ob|sessum	*z.B.* locum opportunum	besetzen, blockieren (= *Auslösen der Handlung*)
ob|sidēre, -eō, ob|sēdī, ob|sessum	*z.B.* urbem	belagern (= *Ergebnis der Handlung, andauernd*)
pos|sīdere, -ō, pos|sēdī, pos|sessum	*z.B.* agrum armis	Besitz ergreifen von etw. (= *Auslösen der Handlung*)
pos|sidēre, -eō, pos|sēdī, pos|sessum	*z.B.* aurum, domum	besitzen, haben (= *Ergebnis der Handlung, andauernd*)
sīdus, sīderis *n.*		Sternbild, Gestirn

1 dives est, qui multa possidet. → 31
1 Reich ist ‹der›, der viel besitzt.

2 fur (Dieb) est, qui bona aliena possidit.
2 Ein Dieb ist ‹derjenige›, der sich fremdes Gut aneignet.

3 diu possedit Clodius favorem plebis. (favor: Gunst)
3 Lange genoß (besaß) Clodius die Gunst des einfachen Volkes.

4 omnes laeti in theatro consederunt. → 52
4 Alle setzten sich gutgelaunt im Theater hin.

5 hostes oppidum diu obsederant.
5 Die Feinde hatten die Stadt lange belagert.

6 hostes pontem obsederant, priusquam nostri flumen transirent.
6 Die Feinde hatten die Brücke besetzt, bevor unsere Leute den Fluß überqueren konnten.

*7 multas horas sub caelo sedebamus sidera considerantes. (considerare: betrachten)
7 Viele Stunden lang saßen wir im Freien (unter dem Himmel) und betrachteten die Sternbilder.

85 sinere – °serere

sinere, sinō, sīvī, situm	rem homini/ *m. AcI*	jmdm. etw. lassen/überlassen; zulassen, daß …
serere, serō, sēvī, satum	**1.** rem **2.** rem re, *z.B.* hortum arboribus	1. etw. säen, etw. pflanzen 2. ein Feld *etc.* m. etw. einsäen, bepflanzen

Setze siverunt oder severunt sinngemäß ein und übersetze.

1 vinum importari non ______ . (K)

1 siverunt: Sie ließen den Weinimport nicht zu (ließen nicht zu, daß Wein eingeführt wurde). (*AcI*)

2 hostes victi arma victoribus ______ . (K)

2 siverunt: Die besiegten Feinde überließen den Siegern ihre Waffen. (*Dat.* victoribus)

3 Romani arboribus colles ______ .

3 severunt: Die Römer bepflanzten die Bergrücken mit Bäumen.

86 °spernere – sternere

°spernere, spernō, sprēvī, sprētum	*m. Akk.*	verachten, verspotten (spernere)
sternere, sternō, strāvī, strātum	**1.** *m. Akk.* **2.** *m. Akk.* + re	1. etw. hinstreuen, jmdn./etw. niederwerfen (sternere) 2. jmdn./etw. mit etw. bedecken

spernunt/sternunt: Welches Wort paßt jeweils?

1 hostes telis viam ______ .

1 sternunt: Die Feinde decken die Straße mit (Wurf)Geschossen ein.

2 venti acres poma (Früchte) sub arboribus ______ . → 3

2 sternunt: Heftige Winde werfen die Früchte unter den Bäumen hin.

3 semper nonnulli deos ______ .

3 spernunt: Immer verspotten manche die Götter.

87 desinere - deserere - desiderare

dē|sinere, -ō, dē|siī, dē|situm
- **1.** *absolut* — 1. ablassen, aufhören
- **2.** *m. Inf.* — 2. aufhören zu (tun)

dēserere, -ō, dē|serui, dē|sertum
- *m. Akk.* — jmdn./etw. im Stich lassen, vernachlässigen

dēsīderāre, -ō, dēsīderāvī, dēsīderātum
- **1.** rem/*m. Inf.* — 1. nach etw. verlangen, etw. begehren, begehren zu (tun)
- **2.** rem/hominem — 2. etw./jmdn. vermissen

desierunt/deseruerunt/desideraverunt: Welches Wort paßt jeweils?

1 omnia mortalia ______ , desinunt desinentque.

1 desierunt: Alles Sterbliche ist vergangen, vergeht und wird vergehen (hat aufgehört, hört auf und wird aufhören).

2 ipsi philosophi Graeci rerum cognoscere causas ______ .

2 desideraverunt: Schon die griechischen Philosophen strebten danach, die Ursachen der Welt (der Dinge) zu erkennen.

3 dei eos puniverunt, qui publica sacra (Opferhandlungen) ______ .

3 deseruerunt: Die Götter bestraften diejenigen, die öffentliche Opferhandlungen vernachlässigten.

4 hieme exercitus Romani bellare ______ .

4 desierunt: Im Winter hörten die römischen Heere auf, Krieg zu führen.

88 sistere - stare - statuere

sistere, sistō, stitī *oder* stetī	**1.** rem **2.** *absolut*	1. hinstellen, anhalten 2. sich stellen, stehenbleiben
stāre, stō, stetī (stātūrus)		stehen
statuere, statuō, statuī, statūtum	**1.** *z.B.* aram **2.** *z.B.* diem/poenam	1. aufstellen 2. festsetzen, beschließen

Setze ‚stiterunt' oder ‚steterunt' oder ‚statuerunt' ein (es gibt manchmal mehr als eine Möglichkeit!) und nenne die jeweilige Grundform.

1 equites fessi ad flumen ______ .

1 steterunt *oder* stiterunt (sistere): Die Reiter machten müde am Fluß halt.

2 qui fugae se dederant, subito pedes ______ . (K)

2 steterunt *oder* stiterunt (sistere): Diejenigen, die sich in die Flucht begeben hatten, hielten plötzlich ihren Lauf an. (subito)

3 ob tempestatem naves in litore diu ______ ad ancoras. (K)

3 steterunt (stare): Wegen des Sturms blieben die Schiffe lange am Strand vor Anker liegen. (diu)

4 iudices in reum exsilium ______ .

→ 82

4 statuerunt (statuere): Die Richter beschlossen gegen den Angeklagten die Verbannung.

5 utrimque acies ______ .

5 steterunt (stare)/steterunt *oder* stiterunt (sistere): Auf beiden Seiten standen Heeresverbände (Schlachtreihen)/nahmen H. Aufstellung.

89 resistere – °restare – restituere

resistere, resistō, restitī	1. *absolut* 2. *m. Dat.*	1. (still) stehen bleiben 2. jmdm./einer Sache widerstehen
restāre, restō, restitī	1. *absolut,* 2. *absolut/* *m. Dat.*	1. übrig bleiben 2. standhalten, Widerstand leisten (gegen ...)
restat	ut *m. Konj.*	es bleibt noch übrig zu (tun)/daß ...
restituere, restituō, restituī, restitūtum	*m. Akk.*	wiederherstellen

Welches Wort paßt jeweils im Satz? (K)

1 Augustus templa deorum [restitit/restituit].

1 restituit: Augustus ließ die Tempel der Götter wiederherstellen. (*Akk.-Obj.:* templa)

2 cives Alesiae, qui diu [restiterant/restituerant], tandem Caesari se dederunt. → 28

2 restiterant: Die Bürger von Alesia, die lange Widerstand geleistet hatten, ergaben sich Caesar schließlich. (*absolut ohne Objekt – Gegensatz:* se dederunt)

3 senatus decrevit, ut simulacrum Minervae turbine deiectum [resisteretur/restitueretur]. (turbo: Wirbelsturm)

3 restitueretur: Der Senat beschloß, das Bildnis der Minerva, das durch einen Wirbelsturm heruntergeworfen war, wiederherstellen zu lassen. (simulacrum *als Subjekt im pass. Satz entspricht e. Akk.-Obj. im akt. Satz.*)

4 multas Aesopi fabulas audivistis; [resistit/restat], ut fabulam de lupo et agno (vom Wolf und dem Lamm) narrem.

4 restat: Ihr habt viele Fabeln des Aesop gehört; bleibt noch übrig, daß ich ‹euch› die Fabel vom Wolf und dem Lamm erzähle. (*ut-Satz*)

5 Aeneas, cum Troiam ardentem relinqueret, reliquias urbis paternae [restituentes/restantes] conspexit.

5 restantes: Aeneas blickte, als er das brennende Troia verließ, auf die noch vorhandenen Reste seiner Vaterstadt. (*Verbindung mit* reliquias urbis)

90 sōl – solēre – solvere – sōlus – °solum – °solidus

sōl, sōlis *m.*		Sonne
solēre, soleō, solitus sum	*m. Inf.*	gewohnt sein, pflegen zu (tun)
solvere, solvō, solvī, solūtum	**1.** *z.B.* navem **2.** *z.B.* poenam	1. lösen, losmachen, auflösen 2. zahlen
sōlus, sōla, sōlum		allein
solum, solī *n.*		Erdboden, Boden
solidus, solida, solidum		fest, massiv

1 victores praedam petere solent. → 73	1 Sieger sind gewöhnlich auf (Kriegs-)Beute aus (pflegen auf … aus zu sein).
2 Romani urbem Carthaginem solo adaequaverunt.	2 Die Römer machten die Stadt Karthago dem Erdboden gleich.
3 nondum omnium dierum sol occidit. *(Redensart i. D.?)*	3 Es ist noch nicht aller Tage Sonne untergegangen. *(Redensart i. D.:* Es ist noch nicht aller Tage Abend.)
4 importantur non solum merces, sed etiam mores. → 61	4 Es werden nicht nur Waren eingeführt, sondern auch Bräuche.
5 sole oriente Caesaris nautae naves solverunt.	5 Bei Sonnenaufgang lichteten Caesars Seeleute die Anker.
6 omnes intellegant non sibi soli solem oriri. → 67	6 Alle sollen einsehen, daß nicht für sie allein die Sonne aufgeht.
*7 quae praemia senatus militibus antea constituerat, ea soluta sunt. → 73	7 Die Belohnungen, die der Senat für die Soldaten vorher festgesetzt hatte, wurden gezahlt.
*8 Scipio Africanus solitus est dicere se numquam minus solum esse, quam cum solus esset.	8 Scipio Africanus pflegte zu sagen, er sei niemals weniger allein, als wenn er allein sei.

91 suscipere – suspicere – suspicari – suspicio

sus|cipere, sus|cipiō, sus|cēpī, sus|ceptum	**1.** *z.B.* laborem **2.** *z.B.* bellum	1. übernehmen, auf sich nehmen 2. unternehmen (*zu* capere!)
su|spicere, su|spiciō, su|spēxī, su|spectum	**1.** *z.B.* solem **2.** *z.B.* deum	1. hinaufsehen zu/nach etw. 2. aufschauen zu jmdm., jmdn. verehren (*zu* spectare!)
suspicārī, suspicor, suspicātus sum	*m. Akk./AcI*	jmdn. beargwöhnen, etw. argwöhnen, vermuten, daß ...
suspīciō, suspīciōnis *f.*		Verdacht

*

1 Cicero cum amicis disputationem de re publica suscepit.	1 Cicero führte mit seinen Freunden eine Erörterung über den Staat durch (unternahm).
2 nihil mali suspicemini!	2 Argwöhnt nichts Schlechtes!
3 in amicitia omnia alter pro altero suscipiat. → 7	3 In der Freundschaft soll der eine für den anderen alles auf sich nehmen.
4 qui deum negat esse, caelum stellasque suspiciat.	4 Wer leugnet, daß es einen Gott gibt, soll zum Himmel und zu den Sternen aufblicken.
5 nemo est, qui suspicetur, quam magnificae sint res caelestes.	5 Es gibt niemanden, der erahnen kann, wie großartig die Erscheinungen am Himmel sind.
6 Verres, proconsul Siciliae provinciae, in suspicionem avaritiae venit.	6 Verres, der Prokonsul der Provinz Sizilien, geriet in den Verdacht der Habgier.

92 temperare – temptare

temperāre, temperō, temperāvī, temperātum	*m. Akk.* **1.** *z.B.* rem publ. **2.** *z.B.* victoriam	(ins rechte Maß setzen) 1. einrichten, ordnen, leiten 2. mäßigen, mildern
	m. Dat. **1.** *z.B.* irae/sibi **2.** *z.B.* victis/templis	(das rechte Maß halten bei) 1. zügeln, beherrschen 2. schonen, verschonen
temptāre, temptō, temptāvī, temptātum	**1.** rem **2.** *z.B.* moenia **3.** rem/*m. indir. Frage* *(auch* ut/*m. Inf.)*	1. betasten, befühlen 2. angreifen 3. etw. versuchen, versuchen, was/ob etc.

Welches Wort paßt jeweils im Satz?

1 Lycurgus Lacedaemoniorum rem publicam institutis legibusque [temperavit/temptavit].

1 temperavit. Lykurg gab dem Staat der Spartaner mit Einrichtungen und Gesetzen eine Ordnung.

2 Vergilius cives Romanos adhortatus est, ut hostibus superatis [temperarent/temptarent]. (K)

2 temperarent. Vergil ermahnte die römischen Bürger, besiegte Feinde zu schonen. (*Dativ* hostibus superatis)

3 Caesar Haeduos, qui belli fortunam [temperaverant/temptaverant], bello superavit.

3 temptaverant. Caesar überwand die Häduer, die das Kriegsglück versucht hatten, in einem Krieg.

4 mater tristis lacrimis [temperare/temptare] non poterat. (K)

4 temperare. Die Mutter konnte in ihrer Trauer ihre Tränen nicht zurückhalten. (*Dativ* lacrimis)

Fortsetzung von **93**

6 saepe totius terrae fructus unius belli terrore amittuntur.

6 Oft geht die Ernte (gehen die Früchte) eines ganzen Landes durch den Schrecken eines einzigen Krieges verloren.

*7 mors terret, tenet, terit omnes.

7 Der Tod erschreckt, beherrscht und vernichtet alle.

93 tendere - tenēre - terrēre - °terror - °terere

tendere, tendō, tetendī, tentum	**1.** rem	1. dehnen, spannen
	2. *z.B.* manūs (homini/ ad caelum)	2. ausstrecken, (jmdm.) hinstrecken
	3. *m. Inf.*	3. streben zu (tun), darauf hinarbeiten zu (tun)
	4. rem/ ut *m. Konj.*	4. etw. durchfechten, sich anstrengen, damit ...
tenēre, teneō, tenuī, tentum	rem **1.** *(Dauer)*	1. halten, haben, beherrschen
	2. *(Moment)*	2. fassen, begreifen
terrēre, terreō, terruī, territum	**1.** hominem	1. schrecken, erschrecken
	2. hominem, ne	2. abschrecken zu (tun)
terror, terrōris *m.*		Schrecken
terere, terō, trīvī, trītum		(ab)reiben, aufreiben, (Zeit) verbringen

1 Romani orantes manus ad caelum tendebant. (K)

1 Die Römer streckten beim Gebet (während sie beteten) ihre Hände zum Himmel. (ad c.)

2 Otos et Ephialtes fratres Pelion montem tendebant imponere Olympo. (K)

2 Die Brüder Otos und Ephialtes versuchten, den Berg Pelion auf den Olymp zu setzen. (*Inf.* imponere)

3 memoria pessimi exempli terrebat Persas, ne iterum proelium committerent. (K)

3 Die Erinnerung an die überaus schlimme Erfahrung (das überaus schlechte Beispiel) schreckte die Perser davon ab, ein weiteres Mal einen Kampf zu beginnen. (*ne-Satz*)

4 quae dona mihi praestiteris, memini semperque tenebo. → 74

4 Welche Geschenke du mir hast zukommen lassen (gegeben hast), weiß ich und werde ich stets im Gedächtnis behalten.

5 terrore tenentur, qui sint in dominatione.

5 Von Schrecken beherrscht werden diejenigen, die in einer Gewaltherrschaft leben (sind).

94 tolerare - tollere

tolerāre, tolerō, tolerāvī, tolerātum	*z.B.* inopiam	ertragen
tollere, tollō, sustulī, sublātum	**1.** *z.B.* manūs **2.** *z.B.* timorem	1. hochheben 2. aufheben, beseitigen

1 morbum facile tolerat, qui videt finem. → 38

1 Die Krankheit erträgt leicht, wer ‹ihr› Ende absieht.

2 qui ne ullum quidem vitium amici tolerat, amicitiam e vita tollit. → 102

2 Wer nicht einmal einen ‹einzigen› Fehler seines Freundes erträgt, vertreibt (beseitigt) die Freundschaft aus dem Leben.

3 sublatā benevolentiā amicitiae nomen tollitur.

3 Wenn das Wohlwollen beseitigt ist, wird auch der Begriff ‚Freundschaft' beseitigt.

*4 Romani regnum, quia aegre tulerunt, sustulerunt. → 39

4 Weil die Römer die Königsherrschaft nur mit Mühe ertrugen, hoben sie sie auf.

95 tot – tōtus – tutus – tuēri

tot *(nicht deklinierbar)*		soviele
tōtus, tōta, tōtum		ganz (total)
tūtus, tūta, tūtum		geschützt, sicher
tuērī, tueor, tutātus sum	[**1.** *z.B.* solem[1] **2.** *z.B.* fines	1. betrachten 2. beschützen

[1] *selten; häufiger:*

intuērī, intueor, intuitus sum	*z. B.* solem	auf etw. hinschauen, etw. betrachten

---

1 in ‚terra Schlaraffia' homines se totos cibo somnoque dedere possunt. (cibus: Essen)	1 Im Schlaraffenland können sich die Menschen ganz dem Essen und dem Schlaf hingeben.
2 caelum sideraque tuentes magnitudinem mundi, terrae parvitatem cognoscimus. (mundus: Weltall, sidera: Sterne)	2 Wenn wir Himmel und Sterne anblicken, erkennen wir die Größe der Welt ‹und› die Kleinheit der Erde.
3 Verres Siciliam contra piratas fortiter tutatus esse dicitur. → 41	3 Verres soll Sizilien gegen die Seeräuber tapfer geschützt haben.
*4 qui locus tam firmum habet praesidium, ut ‚tutus' sit?	4 Welcher Ort hat einen so festen Schutz, daß er „sicher" ist?
*5 plerique laudabant verba oratoris, plurimi ingenium, toti pudorem (die vornehme Zurückhaltung).	5 Sehr viele lobten die Worte des Redners, sehr viele seine Begabung, alle seine vornehme Zurückhaltung.
6 quot capita, tot sensus. → 81	6 Wie viele Köpfe, so viele Meinungen.

Wie lauten die Grundformen zu den folgenden Formen?

tuerer	tutati	tueri	tueri
tueris	tuti	tueri	tutus
tuere	toti	tueri	totus
tuearis	tute	tueri	tutus

96 ubi – ubīque – ūtī – ut/uti – unde – undique – unda – °utique

ubi *Adv.*	*(rel./fragend)*	wo
ubi (primum) *Kjtion.*	*meist m. Ind. Perf.*	sobald *(m. Ind. Plqperf.)*
ubīque *Adv.*		überall
ūtī, ūtor, ūsus sum	*m. Abl.*	jmdn./etw. gebrauchen, haben
ut, *auch* **uti** *Kjtion.*	**1.** *m. Ind.* (ita – ut) **2.** *m. Konj.*	1. wie (so – wie) 2. daß, damit
unde *Adv.*	*(rel./fragend)*	woher
undique *Adv.*		von überall her, auf allen Seiten
unda, undae *f.*		Welle, Flut
utique *Adv.*		unbedingt, auf jeden Fall

***** *(Kommata sind mit Absicht nicht gesetzt.)*

1 unde venis et quo vadis? (vadere: gehen)	1 Woher kommst du, und wohin gehst du?
2 navis ventis undisque deletur.	2 Das Schiff wird von Wind und Wellen zerstört.
3 navis undique periculis circumdatur.	3 Das Schiff ist auf allen Seiten von Gefahren umgeben.
4 qui parvo nesciet uti semper serviet necessitati. → 68	4 Wer Weniges (Kleines) nicht zu nutzen weiß, wird sich immer in die Notwendigkeit schicken ‹müssen›.
5 pueri petebant uti sibi diutius ludere liceret.	5 Die Jungen baten darum, ‹noch› länger spielen zu dürfen.
6 uti Agricola longe a luxuria erat (entfernt war von) ita famae propior. → 77	6 So weit wie Agricola vom Luxus entfernt war, so ‹viel› näher war er dem Ruhm.
7 Quintilianus contendebat oratori studendum esse semper et ubique. → 25	7 Quintilian behauptete oft mit Nachdruck, daß ein Redner immer und überall üben müsse.

97 venīre – vēndere – °vēn|īre – vidēre – vidērī

venīre, veniō, vēnī, ventum	**1.** *absolut* **2.** *m. Richtungsangabe* **3.** *z.B.* homini auxilio	1. kommen, ankommen 2. wohin kommen, in etw. geraten 3. jmdm. (zu Hilfe) kommen
vēn|dere, vēn|dō, vēn|didī, vēn|ditum	rem *(oft m. Preisangabe im Abl./Gen.)*	etw. verkaufen (vēn- + dare!)
vēn|īre, vēn|eō, vēn|iī	*(oft m. Preisangabe im Abl./Gen.)*	verkauft werden (vēn- + īre!)
vidēre, videō, vīdī, vīsum	*m. Akk./AcI*	sehen
vidērī, videor, vīsus sum	*m. Nom./NcI*	erscheinen als ..., scheinen zu (tun)

1 in periculis amicus amico auxilio venit. (K)	1 In Gefahren kommt ein Freund seinem Freund zu Hilfe. *(dopp. Dat.)*
2 frumentum aestate minoris venit quam hieme. (K) → 5	2 Getreide wird im Sommer zu geringerem Preis verkauft als im Winter. *(Preisangabe im Gen.)*
3 nostra mala saepe non videmus.	3 Unsere «eigenen» Fehler sehen wir oft nicht.
4 Isocrates orator unam orationem viginti talentis vendidit. (K)	4 Der Redner Isokrates verkaufte eine (einzige) Rede für 20 Talente. *(Preisangabe im Abl.)*
5 videri et esse mille differunt modis.	5 Scheinen und Sein unterscheiden sich auf tausend Arten.

Fortsetzung von **96**

8 Helvetii ubi de Caesaris adventu certiores facti sunt legatos ad eum mittunt. → 18	8 Sobald die Helvetier von Caesars Ankunft erfahren hatten, schick(t)en sie Gesandte zu ihm.
9 Romulum et Remum cupido cepit urbis condendae in iis locis ubi expositi ubique educati erant.	9 Romulus und Remus überkam das Verlangen, in der Gegend, wo sie ausgesetzt und wo sie großgezogen worden waren, eine Stadt zu gründen.

98 verēri – versari – vertere – versus

verērī, vereor, veritus sum	**1.** *m. Inf./AcI*	1. sich scheuen, Bedenken tragen, etw. zu tun/daß …
	2. *m. Akk.*/de re	2. jmdn./etw. scheuen, achten
	3. ne	3. befürchten, daß …
	4. ut (= ne non)	4. befürchten, daß … nicht
versārī, versor, versātus sum	in re	sich aufhalten in/bei etw., sich bewegen in etw., sich beschäftigen mit etw.
vertere, vertō, vertī, versum	**1.** *z.B.* oculos in/ad rem	1. wenden auf etw.
	2. *z.B.* mores	2. verwandeln
	3. *z.B.* librum	3. übersetzen
versus, versūs *m.*		Wendung, Reihe, Vers

1 Romani Iunonem imprimis verebantur.	1 Die Römer verehrten vor allem Juno.
2 Cyrenaici philosophi non verebantur in voluptate summum bonum ponere.	2 Die cyrenäischen Philosophen scheuten sich nicht, in der Lust das höchste Gut zu sehen (auf die Lust … zu verlegen).
3 aestate multi incolae urbis Romae in villa versabantur. → 5	3 Im Sommer hielten sich viele Einwohner der Stadt Rom in ihren Landhäusern auf.
4 Ovidius poeta narrat de Nioba in saxum versa.	4 Der Dichter Ovid erzählt von Niobes Verwandlung in einen Stein (Niobe, die in einen Stein verwandelt wurde).
5 vereor, ut id, quod narravisti, amice, verum sit.	5 Ich fürchte, daß das, was du erzählt hast, Freund, nicht wahr ist.
*6 Cicero Verri reo: numquamne tibi populi Romani dignitas in oculis animoque versata est? → 82	6 Cicero zum Angeklagten Verres: Hat dir niemals die Würde des römischen Volkes vor Augen und Geist gestanden?
7 Livius Andronicus Odysseam Homeri in sermonem Latinum vertit.	7 Livius Andronicus übertrug Homers Odyssee in die lateinische Sprache.

99 verus – verum – °vērē – vēro – °ver

vērus, vēra, vērum **vērum,** vērī *n.*		wahr, echt, begründet das Wahre, die Wahrheit
vērum *Kjtion.* non solum . . . verum etiam . . .	*(gegensätzlich)*	(in Wahrheit) aber, jedoch nicht nur . . . sondern auch . . .
vērē *Adv.*	**1.** *z.B.* dicere **2.** *z.B.* pugnare **3.** *z.B.* vivere	1. wahr, wahrheitsgemäß 2. wahrhaft, ernstlich, echt 3. vernünftig, nach richtigen Prinzipien
vērō *Adv./Kjtion., nachgestellt*	**1.** *(steigernd)* **2.** *(gegensätzlich)*	1. vollends, sogar, in der Tat 2. aber, jedoch
vēr, vēris *n.*		Frühling

1 multi hominum mores non a natura sunt, verum a magistris.	1 Viele Charakterzüge der Menschen stammen nicht von der Natur, sondern von Lehrern.
2 non modo suadendo, verum etiam agendo amicum adiuva!	2 Nicht nur mit Rat, sondern auch mit der Tat unterstütze deinen Freund!
3 falsum rumorem a vero discernere saepe difficile est. → 32	3 Ein unbegründetes (falsches) Gerücht von einem begründeten (wahren) zu unterscheiden, ist oft schwer.
*4 ira ipsa vitium est; sapientem vero irasci minime decet. → 27	4 Zorn ist an sich schon ein Fehler; einem Weisen aber steht es erst recht nicht an, zornig zu werden.
*5 Cassandra vates omnia vere locuta est; tamen civibus persuadere non potuit se verum dicere.	5 Die Seherin Kassandra sagte alles so, wie es der Wahrheit entsprach (wahrheitsgemäß); sie konnte jedoch ihre Mitbürger nicht davon überzeugen, daß sie die Wahrheit sprach.

100 vincere – °vincire – vivus – vivere – visere

vincere, vincō, vīcī, victum	*absolut/m. Akk.*	siegen, (jmdn.) besiegen
vincīre, vinciō, vīnxī, vīnctum	*m. Akk.*	fesseln
vīvus, vīva, vīvum		lebendig
vīvere, vīvō, vīxī, vīctum	*absolut*	leben
vīsere, vīsō, vīsī	*m. Akk.*	besichtigen, besuchen

1 Cato vixit ad summam senectutem.	1 Cato lebte bis ins höchste Alter.
2 oppidum vi et virtute militum victum atque expugnatum est. → 101	2 Die Stadt wurde durch den tapferen Ansturm (die Gewalt und die Tapferkeit) der Soldaten besiegt und erobert.
3 pater Aeneam admonuit, ut victis parceret. → 69	3 Der Vater ermahnte Aeneas, die Besiegten zu schonen.
4 permulti Ephesum venerunt templum Dianae visendi causā.	4 Sehr viele kamen nach Ephesus, um den Tempel der Diana zu besuchen.
5 manus victorum post tergum vinctae sunt.	5 Die Hände der Besiegten wurden auf den Rücken gefesselt.
6 vir invictus nulla re, ne voluptate quidem, vinci potest. → 103	6 Ein unbesiegbarer Mann kann durch nichts (keine Sache), nicht einmal durch die Lust, besiegt werden.
*7 negat Epicurus iucunde posse vivi, nisi cum virtute vivatur.	7 Epikur bestreitet, daß man angenehm leben kann, wenn man nicht mit Anstand (innerer Festigkeit) lebt.
8 transfugae (die Deserteure) vivi capti sunt.	8 Die Deserteure wurden lebendig gefangengenommen.
9 inscriptio: PROBE VIXIT, IMPROBOS VINXIT, HOSTES VICIT. → 77	9 Inschrift: Er hat redlich gelebt, die Unredlichen in Fesseln gelegt (und) die Feinde besiegt.

101 vīs – vir – virtus – velle (vis)

vīs *f.* *Akk.* vim, *Abl.* vī		Kraft, Gewalt, Macht, Bedeutung
Pl. **vīres,** vīrium *f.*		Kräfte; *speziell:* Streitkräfte
vir, virī *m.*		Mann
virtūs, virtūtis *f.*		Tapferkeit, Tüchtigkeit, Tugend
velle, volō, voluī *2. P. Sg.* **vis** (!)	**1.** rem/*m. Inf.* **2.** *m. AcI*	1. etw. wollen, (tun) wollen 2. wollen, daß ...; von jmdm. wollen, daß er ...

1 Graeci Romanique oratoris perfecti vim virtutemque valde laudabant.	1 Die Griechen und Römer lobten die kraftvolle Stärke eines vollkommenen Redners sehr.
2 nemo viri nomen mereat, nisi qui (cum) virtute vivit. → 100	2 Niemand verdient wohl den Namen ‚Mann' außer dem, der mit Anstand lebt.
3 vim vi repellere fas non est.	3 Gewalt mit Gewalt zurückzuschlagen ist nicht recht.
4 visne amari? ama! timore gignitur tantum timor.	4 Willst du geliebt werden? ‹Dann› liebe! Durch Furcht wird nur Furcht erzeugt.
5 vis vincit etiam viros.	5 Gewalt besiegt sogar Männer.
6 qui timet amicum, vim non novit nominis (nomen: Bezeichnung). → 65	6 Wer einen Freund fürchtet, kennt die Bedeutung dieses Wortes nicht.

102 vita - vitare - vitium

vīta, vītae *f.*		Leben
vītāre, vītō, vītāvī, vitātum	*z.B.* periculum	(ver)meiden
vitium, vitiī *n.*		Fehler, Laster

1 vitia sine praeceptore discuntur. → 32	1 Fehler lernt man ohne Lehrer.
2 vita quam sit brevis, cogita! → 20	2 Überlege, wie kurz das Leben ist!
3 vitā nihil est carius.	3 Nichts ist kostbarer als das Leben.
4 tria vitanda sunt: odium, invidia, superbia.	4 Drei ‹Dinge› muß man meiden: Haß, Neid und Hochmut.
5 apud Horatium poetam invenimus: dum vitant stulti vitia, in contraria currunt.	5 Bei dem Dichter Horaz finden wir: Törichte ‹Menschen› laufen, während sie die ‹einen› Fehler vermeiden, ‹geradewegs› in die entgegengesetzten hinein.

Nenne zu den folgenden Formen die Grundform.

ita	in vita	ita	vita
vita (!)	invita (!)	1. vita 2. vitare	invitus, -a, -um
	invitat		invitare
	invitate		invitare
	in civitate		civitas

103 voluntas - voluptas

voluntās, voluntātis *f.*	Wollen, Wille
voluptās, voluptātis *f.*	Vergnügen, Lust

1 populi alii voluntate, alii metu iugum Romanorum acceperunt. → 6	1 Die einen Völker nahmen das Joch der Römer freiwillig, die anderen aus Furcht an.

104 vulgus – vulgo – vulnus – vultus – velle (vult, vultis)

vulgus, vulgī *n.*	Menge, Volk
vulgō *Adv.*	öffentlich, allgemein
vulnus, vulneris *n.*	Wunde
vultus, vultūs *m.*	Gesichtsausdruck, Miene
velle, volō, voluī *3. P. Sg.* **vult,** *2. P. Pl.* **vultis** (!)	wollen (→ 101)

1 vulgus est veritatis pessimus interpres.	1 Die Volksmasse ist der schlechteste Vermittler der Wahrheit.
2 vultus indicat mores.	2 Der Gesichtsausdruck zeigt den Charakter an.
3 vulnus vetus non est rescindendum (wieder aufreißen).	3 Eine alte Wunde darf man nicht wieder aufreißen.
4 vultisne hodie mecum cenare? (cenare: essen)	4 Wollt ihr heute mit mir essen?
5 proverbium est: vulgus vult decipi; ergo decipiatur!	5 Ein Sprichwort sagt: Das Volk will betrogen werden; also soll es betrogen werden!
6 timore affecti vulgo milites a signis discesserunt. → 32	6 Aus Furcht verließen die Soldaten in Scharen ihre Feldzeichen.

Fortsetzung von **103**

2 libri non modo usui, sed etiam voluptati conscripti sunt. → 55	2 Bücher sind nicht nur zum Nutzen, sondern auch zum Vergnügen geschrieben.
3 omne id, quo gaudemus, voluptas est; omne, quo offendimur, dolor. → 29	3 All das, worüber wir uns freuen, ist ‚Freude'; alles, wodurch wir verletzt werden, ‚Schmerz'.
*4 proverbium: ut (wenn auch) desint vires, tamen est laudanda voluntas. → 101	4 Ein Sprichwort ⟨lautet⟩: Wenn auch die Kräfte fehlen, ⟨so⟩ ist doch der Wille zu loben.

Wörterverzeichnis

Ziffer ohne Klammer: Übungswort erscheint in Titelzeile und Lernteil
Ziffer in Klammern: Übungswort erscheint nur im Lernteil